교회 다니면서 십계명도 몰라?

교회 다니면서 십계명도 몰라?

차준희 지음

국제제자훈련원

이 책을

십계명 설교와 특강의 기회를 마련해 주시고 기쁨으로 함께해 주신

최성규 목사님(순복음인천교회)과 성도님들,

김명희 목사님(성남 순복음평화교회)과 성도님들,

신경식 목사님(중국 위해威海 한인교회)과 성도님들,

이우철 목사님(수원 율전교회)과 성도님들,

임채영 목사님(서부성결교회)과 성도님들께,

드리고 싶습니다.

프롤로그

십계명,
제대로 알고 그대로 살기

어느 해인가 제가 대학교 신학부 신입생 면접을 한 적이 있었습니다. 신학부는 미래의 지도자를 선발하는 중요한 곳이기에 무엇보다도 개인의 성품과 소명의식이 중요한 평가기준이 됩니다. 물론 이와 더불어 학문적 능력도 검증합니다. 신학부 신입생들은 대부분 하나님의 부르심(소명)을 뜨겁게 확신하면서 면접에 임합니다. 당시 한 신입생이 당당한 모습으로 면접실에 들어왔습니다. 자기소개서를 보니 모태신앙인으로 신구약성경을 여러 차례 독파한 아주 신실한 신학도감이었습니다. 교회 주일학교 중고등부에서 임원으로 활동한 것으로 보아 리더십도 꽤 갖춘 청년인 듯했습니다. 그러나 면접 준비를 제대로 못했는지 면접관들의 날카로운 질문이 시작되자 적절한 답변을 하지 못하여 쩔쩔매고 당황하는 기색이 역력했습니다.

저는 그 학생에게 위기를 모면할 기회를 주고 싶었습니다. 신구약성경을 많이 읽은 모태신앙인이라니, 십계명 정도는 당연히 알 것이라고 생각하여 십계명을 외워 보라고 요청하였습니다. 그 학생은 십계명 암송을 시작했습니다. 그런데 순서가 뒤바뀌고, 건너뛰기를 몇 차례 반복하더니 당황스러운 표정으로 갑자기 벌떡 일어나는 것이었습니다. 그리고 "교수님은 다 외웁니까?" 하며 그 자리를 박차고 나가 버렸습니다. 안타깝게도 다시는 그 학생을 볼 수 없었습니다. 아마 긴장이 되어 십계명을 정확히 암송하기 어려웠나 봅니다. 그런데 몇 년이 지난 지금도 그 외침이 제 귓가에 메아리치고 있습니다. "교수님은 다 외웁니까?"

아마도 십계명을 모르는 그리스도인은 없을 것입니다. 그런데 십계명의 의미를 정확히 아는 그리스도인도 의외로 많지 않습니다. 당연히 알고 있다고 생각하지만 의외로 알지 못하는 것이 십계명입니다. 교회에 오래 다니고 여러 기관에서 봉사를 하거나 교회 지도자로 활동하는 분들 중에서도 십계명에 무지한 분들이 많다는 사실을 발견하고 놀라곤 합니다.

저는 구약성경을 전문적으로 연구해 오면서 전문가들의 연구 결과가 목회자들과 성도들에게 제대로 전달되지 못하는 상황이 늘 안타까웠습니다. 특히 십계명같이 기독교 신앙의 핵심을 담고 있는 본문이 교회 현장에서 고리타분한 것으로 여겨지고, 심지어 왜곡되거나 더 나아가 그 의미가 충분히 인식되지 못하는 현실은 늘 저에게 질책처럼 여겨졌습니다. 저는 이러한 상황에 강한 책임감을 느끼고 그동안 십계명을 연구한 결과를 쉽게 풀어서 몇몇 교회에서 설교와 특강을 하였습니다. 그렇게 여러 차례 일반 성도님들과 나눈 내용을 수정 보완하고 정리한 원고가 한 권의 책으로 탄생하게 되었습니다.

시중에는 십계명에 관한 전문 서적도 있습니다. 그러나 이는 비전문가들이 이해하기엔 어렵습니다. 또한 현장 목회자들이 쓴 십계명 강해서도 많습니다. 그런데 이러한 책들은 안타깝게도 전문성과 정확성이 떨어집니다. 그리고 해석의 다양성을 인정한다 하더라도 십계명의 본래적 의미를 벗어나 심지어 내용을 왜곡하는 경우도 적지 않습니다. 이 책은 그러한 점을 보완하여 많은 현대인들이 십계명을 쉽게 이해하고 적용할 수 있도록 일상의 용어로 풀어 내었습니다.

십계명은 그리스도인이라면 마땅히 모두 암송해야 할 기독교 신앙의 핵심입니다. 그럼 십계명은 외우기만 하면 될까요? 아닙니다. 우리는 그보다 한 단계 더 나아가야 합니다. 즉, 십계명을 제대로 알아야 합니다. 이런 점에서 이 책이 신실한 안내

자가 되어 줄 것입니다. 그렇다면 십계명을 제대로 알고만 있으면 될까요? 아닙니다. 그대로 살아야지요. 아마도 십계명대로 사는 것이 가장 높은 수준의 신앙일 것입니다. 이 점은 독자들의 몫입니다. 제대로 아는 수준에서 그대로 사는 수준으로 건너가기 위해서는 성령의 인도를 따라야 합니다. 저는 우리나라 그리스도인들이 십계명의 본뜻을 정확히 파악하고 그 말씀대로만 살아간다면, 전국 방방곡곡에 그리스도의 계절이 도래할 것이라고 생각합니다.

 부족한 원고를 아름다운 책으로 만들어 주신 국제제자훈련원의 옥성호 본부장님과 출판부 직원들에게 감사의 마음을 표합니다.

 또한 지난 몇 년간 인고(忍苦)의 터널을 지나는 길에 함께 아파하며 동행해 준 아내 구경선 교수와 친구 같은 두 딸 현진과 예진에게도 깊은 감사를 드립니다. 누라와 딸기, 그대들을 사랑합니다.

복사골 집안 서재에서
2012. 1. 16
차준희

차례

프롤로그 ······ *6* | 에필로그 ······ *202* | 주 ······ *204*
십계명을 좀 더 깊이 알고 싶다면 ······ *205*

제 0계명
십계명, 은혜의 상징 ●출 20:1-2 ······ *13*

제 1계명
코람데오의 진기(盡己) ●출 20:3 ······ *27*

제 2계명
네 구미에 맞게 하나님을 만들지 말라 ●출 20:4-6 ······ *43*

제 3계명
하나님의 이름에 먹칠하지 말라 ●출 20:7 ······ *57*

제 4계명
'주일은 놉니다', 주님과 함께 ●출 20:8-11 ······ *73*

제 5계명
부모 십일조 ●출 20:12 ······ *91*

제 6계명
기죽이는 것도 살인이다 ●출 20:13 ······ *109*

제 7계명
내 몸과 내 가정만 지켜도! ●출 20:14 ······ *127*

제 8계명
내 것이라고 모두 내 것일까? ●출 20:15 ······ *145*

제 9계명
생명을 죽이고 살리는 혀 ●출 20:16 ······ *165*

제 10계명
스스로 욕심을 거두는 태도 ●출 20:17 ······ *183*

제 0계명

십계명, 은혜의 상징

● 출 20:1-2

● 출 20:1-2

하나님이 이 모든 말씀으로 말씀하여 이르시되
나는 너를 애굽 땅, 종 되었던 집에서 인도하여 낸 네 하나님 여호와니라

하나님이 직접 주신 유일한 말씀

성경에서 십계명은 두 번 등장합니다. 출애굽기 20장과 신명기 5장입니다. 이 둘은 약간의 차이만 있을 뿐 거의 같은 내용입니다. 보통 우리나라 찬송가 맨 뒷면에 기록되어 있는 십계명은 출애굽기 20장을 인용한 것입니다.

사실 '십계명'이라는 명칭은 성경에 나오지 않습니다. 이 명칭은 출애굽기 34장 28절, 신명기 4장 13절, 10장 4절(신명기 본문에 나오는 '십계명'이라는 단어는 정확하게 번역하면 '십계'에 해당됩니다)의 '십계'라는 단어에서 유래한 것으로 보입니다. 그런데 이 '십계'라는 단어는 히브리어로 '열 마디의 말씀'[에쉐레트 하드바림]이라는 뜻입니다. 그러므로 엄밀히 말하자면, 오늘날 흔히 사용하는 '십계명'이라는 용어는 성경에는 없는 것으로, 후대 사람들이 만든 용어입니다.

구약성경에는 많은 법들이 나옵니다. 언약법(출 21-23장), 성결법(레 17-26장), 제사법 그리고 신명기법(신 12-26장) 등이 그것입니다. 이러한 법들은 모두 이스라엘 백성이 모세를 통해 간접적으로 받았습니다. 언약법전을 시작하는 구절인 출애굽기 20

장 22절에 보면, "여호와께서 모세에게 이르시되 너는 이스라엘 자손에게 이같이 이르라"고 기록되어 있습니다. 즉, 하나님은 모세라는 중재자를 통해 이스라엘 자손에게 언약법을 전달하셨습니다. 그러나 십계명은 다릅니다. 하나님이 이스라엘 백성에게 직접 말씀하신 유일한 법이기 때문입니다. 출애굽기 20장 1절은 십계명의 배경을 설명하면서 "하나님이 이 모든 말씀으로 일러 가라사대"라고 말합니다. 십계명이 하나님께서 직접 이스라엘 백성에게 주신 법이라는 사실을 나타내는 대목입니다. 따라서 십계명은 구약의 모든 법을 능가하는 중요한 위치를 차지합니다.

율법을 설명하는 구약성경 본문들을 살펴보면, 모든 법의 가장 앞자리에 십계명이 놓여 있습니다. 이는 십계명과 그 이후의 계명들의 관계를 잘 보여 줍니다. 즉 십계명은 구약의 율법들을 집약하고, 대표하는 법입니다. 그리고 나머지 계명들(율법들)은 십계명을 해석하는 역할을 맡고 있습니다.

구약은 율법, 신약은 복음?

십계명에서 가장 눈여겨보아야 할 대목은 본격적으로 계명을 언급하기 직전에 나오는 구절인 출애굽기 20장 2

절입니다. "나는 너를 애굽 땅, 종 되었던 집에서 인도하여 낸 네 하나님 여호와니라." 흔히 '십계명의 서언'이라고 불리는 이 구절은 하나님께서 이스라엘 백성을 이미 애굽 땅에서 구원하셨고, 그후에 백성에게 계명을 주셨다는 사실을 명시합니다. 이것은 신학적으로 아주 중요한 핵심입니다. 즉, 하나님은 이스라엘 백성을 구원할 목적으로 십계명을 주신 것이 아닙니다. 이미 구원받은 이스라엘 백성이 하나님의 백성답게 살 수 있도록 인도하기 위해 주신 것입니다.

사람들은 흔히 구약을 '율법'으로, 신약을 '복음'으로 구분합니다. 즉, 구약은 '율법 종교', 신약은 '복음 종교'라는 것입니다. 또 다른 말로 구약은 '율법 신앙'을, 신약은 '복음 신앙'을 말한다고 합니다. 따라서 구약에서는 율법을 지켜야 구원받고, 신약에서는 복음을 믿어야 구원받는다고 생각합니다. 그러나 이것은 잘못된 생각입니다.

이스라엘 백성이 구원받은 것은 율법을 지켜서가 아니라 순전히 하나님의 은혜 덕분이었습니다. 그렇다면 구약의 종교도 '은혜의 종교'입니다. 따라서 율법은 구원을 얻기 위한 방편, 즉 '**구원법**'(救援法)이 아니라 하나님의 거룩한 백성이 되기 위한 방편, 즉 '**성민법**'(聖民法)입니다. 하나님께서 이스라엘 백성에게 계명을 주신 이유는, 그들이 구원받은 백성으로서 마땅히 행할 태도와 행실을 알려주시기 위함이었습니다.

율법의 핵심인 십계명은 구원의 조건도, 인간의 자유를 옭아 매는 올가미도 아닙니다. 율법은 하나님의 선물이요, 은혜입니다. 하나님의 기적과도 같은 은혜로 홍해의 수장으로부터 구원 받아 하나님의 자녀가 된 사람들이 본격적으로 하나님의 자녀로 살아가도록 이끌어 주는 사랑과 은혜의 표현입니다.

하나님의 통치 원리

구약에서 율법은 하나님과의 관계를 유지하기 위한 최소한의 울타리 역할을 합니다. 계명을 지키면 하나님과의 관계가 건강하게 유지되기 때문입니다. 따라서 구약에서 율법은 '관계 유지의 역할'을 합니다(출 20:2). 반면 신약에서는 그 역할이 달라집니다. 신약에서 율법은 오히려 하나님과의 관계가 깨어졌음을 알려주는 역할, 즉 '죄를 깨닫게 하는 역할'을 합니다.

그러므로 율법의 행위로 그의 앞에 의롭다 하심을 얻을 육체가 없나니 율법으로는 죄를 깨달음이니라(롬 3:20).

율법이 죄냐 그럴 수 없느니라 율법으로 말미암지 않고는 내가 죄를 알지 못하였으니(롬 7:7).

맞습니다. 우리는 율법이 없었다면 죄를 죄라고 깨달을 수도 없었을 것입니다. 하지만 이것이 율법의 최종 역할은 아닙니다.

예수 그리스도를 믿고 구원받은 하나님의 자녀들(중생: 구원의 시작)에게 율법은 이제 새로운 의미를 갖게 됩니다. 어떤 신학자는 이것을 가리켜 '율법의 제 3적용'이라고도 합니다. 믿음으로 말미암아 하나님의 자녀가 된 이후에도 율법은 폐기되지 않습니다. 율법이 담당할 새로운 역할이 있기 때문입니다. 그것은 바로 구원받은 하나님의 자녀들을 '성화(온전한 구원)의 길로 안내'하는 것입니다(참조, 롬 6:22).

결론적으로, 율법의 첫 번째 역할은 '하나님의 은혜의 선물'이고, 두 번째 역할은 '죄를 깨닫게 하는 것'이고, 세 번째 역할은 구원받은 하나님의 자녀들을 '성화의 길로 인도하는 안내판'입니다.

그러므로 예수 그리스도께서 오심으로 율법이 폐기된 것은 아닙니다. 로마서 7장 12절에서도 알 수 있듯이, 율법은 거룩하고 계명도 거룩하고 의로우며 선합니다. 율법은 여전히 중요하고 그 효용성을 그대로 유지하고 있습니다.

기독교의 구원론은 하나님의 은혜로 먼저 구원받고, 구원받은 자로서 하나님의 통치를 받는 삶을 산다는 내용입니다. 다른 말로 하면, 이미 출범한 하나님 나라에 진입하여 구원의 첫 열매를 받은 사람들은, 주 예수 그리스도의 재림 때 완성될 하나님 나라에 들어가기 위해, 현재 주 예수 그리스도가 대행하는 하나님의 통치를 받으며 살아가야 한다는 것입니다. 바로 이 하나님의 통치 원리를 담고 있는 것이 율법입니다. 그러므로 그리스도인들은 가치 판단과 윤리적 선택을 내리는 순간마다 주 예수 그리스도의 뜻을 따라 율법의 핵심인 십계명을 실천하며 살아야 합니다.[1]

  그런데 여기서 우리가 놓쳐서는 안 되는 중요한 사실이 있습니다. 이제 우리는 '종'이 아닌 '자유인'으로 율법을 대한다는 사실입니다. 바울은 로마서 8장 4절에서 "육신을 따르지 않고 그 영을 따라 행하는 우리에게 율법의 요구가 이루어지게 하려 하심이니라"고 말하고 있습니다. '영을 따른다'는 것은 성령을 따라 우리 삶의 규범인 율법을 행한다는 것입니다. 고린도후서 5장 17절 "그런즉 누구든지 그리스도 안에 있으면 새로운 피조물이라 이전 것은 지나갔으니 보라 새 것이 되었도다"라는 말씀처럼 우리는 그리스도 안에서 새로운 피조물이 되었습니다. 십계명은 새로운 피조물인 우리가 어떻게 살아야 하는지를 제시합니다. 우리는 이제 종으로서 율법과 십계명을 대하는 것이 아니라 성령의 도우심을 받으며 자유인으로 율법과 십계명을 대하는 것입니다.[2]

율법의 계명들은 우리에게 남아 있는 죄악의 습관들을 끊어 버리라고 말합니다. 또한 불순종에서 돌이켜 하나님의 말씀에 순종하라고 명령합니다. 그런데 이러한 계명들이 아직도 불편하거나 억압적으로 느껴지십니까? 만약 그렇다면 그 사람은 하나님의 영을 따라 행하는 그리스도인이라 말할 수 없습니다. 육신을 따르지 않고 그 영을 따라 행하는 자녀들은 아버지 되신 하나님께서 "하지 말라"고 말씀하신 것들을 하지 않을 때, 오히려 자유와 평안을 누릴 수 있습니다. 반대로 "하라"는 것을 행할 때 기쁨이 충만하고 하나님과 올바른 관계를 계속 유지합니다. 건강한 신앙인은 하나님의 말씀에 기쁘게 순종할 수 있는 사람입니다. 그리고 율법과 십계명은 인간이 하나님과 동행함으로써 자유를 누리고 생명을 유지하게 하는 든든한 울타리 역할을 하는 것입니다.

이웃 사랑, 율법과 십계명의 원리

구약의 율법은 창세기부터 신명기까지 모세오경 안에 집중되어 있습니다. 흔히 율법서라 불리는 이 책에 담겨 있는 율법은 총 613가지나 됩니다. 그 가운데 248가지 계명은 '…을 하지 말라'는 부정명령이고, 365가지 계명은 '…을 하라'는 긍정명령입니다. 그런데 이 613가지나 되는 많은 율법을 열 가지로 집약한 것이 있습니다. 그것이 십계명입니다. 더 나아가 예수님은 이 십계명을 두 가지로 정리해 주셨습니다. 바로 '하나님 사랑'과 '이웃 사랑'입니다(마 22:38-39, 막 12:30-31, 눅 10:26-2).

> 예수께서 이르시되 네 마음을 다하고 목숨을 다하고 뜻을 다하여 주 너의 하나님을 사랑하라 하셨으니 이것이 크고 첫째 되는 계명이요 둘째도 그와 같으니 네 이웃을 네 자신 같이 사랑하라 하셨으니 이 두 계명이 온 율법과 선지자의 강령이니라(마 22:37-40).

우리는 이것을 '사랑의 이중 계명'이라고 합니다. 그런데 사도 바울은 이 사랑의 이중 계명을 '이웃 사랑'이라는 계명으로 다시 한 번 집약합니다. 이웃 사랑이야말로 율법의 완성이라는 것입니다.

> 피차 사랑의 빚 외에는 아무에게든지 아무 빚도 지지 말라 남을 사랑하는 자는 율법을 다 이루었느니라(롬 13:8).

> 온 율법은 네 이웃 사랑하기를 네 자신 같이 하라 하신 한 말씀에서 이루어졌나니(갈 5:14).

야고보도 동일한 말씀을 전하고 있습니다. 최고의 율법은 이웃 사랑이라는 것입니다.

너희가 만일 성경에 기록된 대로 네 이웃 사랑하기를 네 몸과 같이 하라 하신 최고의 법을 지키면 잘하는 것이거니와 (약 2:8).

율법의 핵심은 이웃 사랑입니다. 그러므로 예수님은 "새 계명을 너희에게 주노니 서로 사랑하라 내가 너희를 사랑한 것 같이 너희도 서로 사랑하라 너희가 서로 사랑하면 이로써 모든 사람이 너희가 내 제자인 줄 알리라"(요 13:34-35)고 말씀하신 것입니다. 당시 예수님과 율법학자들이 율법을 놓고 논쟁한 내용의 핵심은 율법의 본 의도에 얼마나 충실한가였습니다. 율법학자들은 율법의 내용을 유대 전통에 따라 법조문으로 해석한 반면, 예수님은 율법의 근본 정신인 이웃 사랑으로 해석했습니다. 따라서 같은 계명이라도 적용과 해석은 완전히 달랐습니다. 그러므로 우리는 율법의 근본 정신이 무엇인지 항상 생각해야 합니다. 알버트 슈바이처는 "기독교의 최대 이단은 가르침과 교리의 오류가 아니라 사랑하지 않는 것이다"라고 말했습니다. 율법의 근본 원리는 이웃 사랑입니다. 십계명의 근본 원리도 이웃 사랑입니다. 기독교의 근본 원리도 이웃 사랑입니다.

율법으로 가득한 하나님 나라

흔히 하나님의 나라는 더 이상 법이 필요 없는 곳이라고 상상합니다. 그러나 이러한 생각은 잘못된 것입니다. 이를 위해서는 성경을 좀더 깊이 성찰할 필요가 있습니다. 보통 창세기 1-2장은 창세기 3장부터 시작된 인간의 타락 이전의 상태를 나타냅니다. 그 부분은 첫 사람인 아담과 하와가 타락하기 이전, 즉 하나님과 함께 살던 에덴동산의 삶을 그리고 있기 때문입니다. 그래서 창세기 1-2장의 중심 내용은 '낙원의 삶'으로, 창세기 3장부터 요한계시록 20장까지는 낙원에서 추방당한 사람들의 삶을 그리고 있는 '실(失)락원의 삶'으로 봅니다. 그리고 성경의 맨 마지막 두 장인 요한계시록 21-22장은 '새 하늘과 새 땅'을 묘사하고 있기 때문에, 이 부분을 낙원이 회복된 '복(復)락원의 삶'을 보여 준다고 말합니다. 이 가운데 우리는 창세기 1-2장에서 묘사하는 낙원의 모습을 살펴봄으로써 예수 그리스도의 재림으로 완성될 하나님 나라의 모습을 상상해 볼 수 있습니다.

과연 낙원에는 율법이 없었을까요? 창세기 1-2장의 낙원은 율법이 없는 무법천지였을까요? 놀랍게도 우리는 이 낙원에서도 율법을 발견하게 됩니다. 율법은 긍정명령과 부정명령으로 나뉜다는 것은 이미 말씀 드렸습니다. 창세기 1장 28절 "하나님이 그들에게 복을 주시며 하나님이 그들에게 이르시되 생육하고 번성하여 땅에 충만하라, 땅을 정복하라, 바다의 물고기와 하늘의 새와 땅에 움직이는 모든 생물을 다스리라 하시니라"는 말씀은 낙원에 있었던 최초의 남자와 여자에게 하나님이 주신 최초의 긍정명령입니다. 또한 창세기 2장 17절 "선악을 알게 하는 나무의 열매는 먹지 말라 네가 먹는 날에는 반드시 죽으리라 하시니라"는 말씀은 낙원에 있었던 최초의 사람에게 하나님이 주신 최초의 부정명령입니다. 낙원에도 하나님의 율법은 있었습니다! 그렇다면 앞으로 임할 완전한 하나님 나라에도 율법은 있을 것으로 추정됩니다.

아마도 하나님 나라는 무법천지가 아니라 율법 천지일지 모릅니다. 그렇다면 우리가 이 땅에 사는 동안 해야 할 중요한 일이 하나 있습니다. 그것은 율법과 친해지는 것, 즉 '율법의 체화'(體化)입니다. 예레미야의 새 언약의 비전에 따르면, 하나님은 율법을 우리 마음에 친히 기록한다고 말합니다(렘 31:33). 율법이 우리의 마음에 새겨질 때 비로소 하나님은 우리의 참 하나님이 되시고 우리는 하나님의 온전한 백성이 되는 것입니다. 이러한 단계에 이르기 위해서는 끊임없는 훈련이 필요합니다.

시편 기자는 시편 1편에서 "복 있는 사람은… 율법을 즐거워하여 그의 율법을 주야로 묵상"한다고 노래했습니다. 하나님이 은혜로 주신 율법을 늘 묵상하며 이를 마음에 새기고, 율법에 익숙한 삶으로 변화되는 은혜가 임하기를 간절히 원합니다.

제 1계명

코람데오의 진기(盡己)

● 출 20:4-6

● 출 20:3
너는 나 외에는 다른 신들을 네게 두지 말라

하나님과 마주 서다

열 가지 계명 중 그 첫 번째 계명은 "너는 나 외에는 다른 신들을 네게 두지 말라"입니다. 이 계명에서 '나 외에'라는 말에는 부가적인 해석이 필요합니다. '나 외에는'이란 말은 히브리어로 '알 파님'인데 여기서 '알'은 '앞에서'(before)를 뜻하고, '파님'은 '얼굴'을 의미합니다. 따라서 이 말은 '내 얼굴 앞에서'라는 뜻입니다. 그러므로 이 문장을 직역하면 "너는 내 얼굴 앞에서 다른 신들을 두지 말라", "너와 나 사이에 다른 신들이 끼어들어서는 안 된다", "적어도 너만큼은 내 앞에서 나 이외에 다른 신들을 두지 말아야 한다"는 의미입니다.

이스라엘 백성은 홍해가 갈라지는 기적을 체험하며 애굽 군대의 추격을 따돌리고 구원을 얻었습니다. 이스라엘 백성은 여호와 하나님의 특별한 은혜를 경험했습니다. 그러므로 이스라엘 백성은 그 은혜를 베푸신 하나님과 독점적이고 배타적인 관계를 맺어야 합니다.

그러나 이 말은 다른 신들의 존재나 능력을 부정하는 것이 아닙니다. 다른 신들의 존재 여부와 상관없이, 즉 다른 신들이 있든 없든 상관없이 이스라엘 민족은 여호와 하나님만을 섬겨야 한다는 말씀입니다. 따라서 제1계명의 초점은 유일신론(Monotheism)이 아닙니다. 유일신론은 '하나님'(theos)이란 존재는 오직 '한 분'(monas)밖에 없다는 주장으로, 다른 신들의 존재 자체를 전면적으로 부정하는 이론입니다. 그러나 제1계명은 다른 신들의 존재를 부정하거나, 그와 관련된 논쟁에 관심을 두지 않습니다. 이 구절의 원 뜻을 살려서 번역하면, "너는 내 얼굴 앞에서, 나와 마주서서 다른 신들을 그 사이에 두어서는 안 된다"는 의미입니다.

'하나님 앞에 마주 선다'는 것은 '하나님의 임재가 나타난다'는 의미입니다. 그리고 '하나님의 임재가 나타난다'는 것은 이스라엘 백성이 하나님께 예배 드리는 상황을 나타냅니다. 그러므로 이스라엘 백성은 하나님께 예배 드릴 때 결코 다른 신들에게 눈을 돌리지 말아야 했습니다. 또한 더 나아가서 하나님은 이스라엘 백성의 예배 처소뿐 아니라 그들의 삶 속에서 그들과 함께하셨습니다. 그러므로 그들의 삶의 전 영역에는 하나님 외에 다른 신들이 존재할 수 없습니다.

하나님의 은혜를 받은 우리도 마찬가지입니다. 우리 삶에서 하나님과 나 사이에 결코 다른 신들이 끼어들어서는 안 됩니다. 그리고 그것이 바로 제1계명이 말하는 핵심입니다.

유목의 신과 풍요의 신

　　　　　가나안 땅을 눈앞에 둔 이스라엘 백성에게, 1계명은 매우 중요한 의미를 갖습니다. 유목 생활을 하던 이스라엘 백성은 가나안 땅에 들어간 후부터는 농경 문화에 적응해야 했습니다. 가나안 땅에서 농경 생활을 하던 원주민들은 대부분 바알(Baal)이라는 농경 신을 믿고 있었습니다. 바알은 풍요의 신으로서 농경 생활 중에서 특히 비를 관장하는 신으로 인식되었습니다.

　오늘날에도 알 수 있듯이 농사를 지을 때 비의 역할은 절대적입니다. 아무리 농사가 잘 되어도 비가 적절한 시기에 적절한 양으로 내리지 않으면 그 해 농사는 실패한 것이나 다름없습니다. 그런데 당시에는 바알이 비를 관장한다고 알려져 있었습니다. 여기서 이스라엘 백성은 심각한 딜레마에 빠지게 되었습니다. 그들이 그동안 믿어 왔던 하나님은 애굽에서 건져 주시고, 그들과 동행하시며 그들을 보호해 주시던 신이었습니다. 다시 말해 여호와 하나님은 유목 생활에 적합한 하나님이었습니다. 그러나 이제 그들의 생활 방식이 변했습니다. 그들은 더 이상 장소를 옮겨 다니는 유목민이 아니라, 한곳에 머무는 정착민이 되었습니다. 그들은 한 장소에 정착하고 농사를 지어 그 소산으로 먹고 살아야만 했습니다. 가나안의 생활 방식을 받아들이면서 이스라엘 백성도 가나안 민족이 오랜 기간 믿어 왔던 토속 신앙에 동화되기 시작했습니다. 가나안 사람들이 확고하게 믿어 왔던 농경 신 바알이 농사를 주관한다고 믿게 된 것입니다.

따라서 농경 생활을 막 시작한 이스라엘 백성은 그동안 섬겨 왔던 여호와 하나님과 농사를 주관한다는 바알 신을 함께 섬기는 죄를 범하게 되었습니다. 기존의 신앙을 버리지 않은 상태에서 새로운 신을 받아들여 양쪽을 모두 섬기는 이러한 신앙을 가리켜 우리는 '종교혼합주의'(Syncretism)라고 합니다. 겉으로 보기에 이러한 종교혼합주의는 매우 합리적인 것으로 보였습니다. 전통적인 신 여호와께 도리를 다하는 동시에, 새로운 신 바알도 섬길 수 있기 때문입니다. 종교혼합주의는 삶의 풍요와 안정을 약속하는 것처럼 보였습니다. 그래서 이 시기에 이스라엘 백성은 대부분 여호와와 바알을 모두 섬기고 있었습니다.

둘 중 하나를 선택하라

그러나 이러한 이스라엘 백성의 신앙 형태는 하나님께서 보시기에 악한 행동이었습니다. 선지자 엘리야는 이스라엘의 이러한 악행들을 언급하며 그들의 죄악을 지적했습니다. 엘리야는 열왕기상에서 다음과 같이 말하고 있습니다.

> 엘리야가 모든 백성에게 가까이 나아가 이르되 너희가 어느 때까지 둘 사이에서 머뭇머뭇 하려느냐 여호와가 만일 하나님이면 그를 따르고 바알이 만일 하나님이면 그를 따를지니라 하니 백성이 말 한마디도 대답하지 아니하는지라 (왕상 18:21).

갈멜 산에서 엘리야가 외칩니다. "너희들은 여호와와 바알을 동시에 섬기고 있다. 그러나 여호와가 하나님이라면 그를 따르고, 바알이 하나님이라면 바알을 따르라. 여호와와 바알 중 하나를 선택하라." 엘리야의 이름에는 중요한 신앙적인 의미가 담겨 있습니다. 엘리야의 '엘'은 '하나님'이라는 뜻입니다. '리'는 '나의'라는 뜻입니다. 그리고 '야'는 '여호와의 준말'입니다. 따라서 엘리야의 이름은 '나의 하나님은 여호와 한 분뿐이시다'라는 의미입니다. 이것이 바로 제 1계명입니다.

당시 이스라엘 백성들은 '좋은 게 좋은 것이다'라는 생각으로 여러 신들을 동시에 섬기고 있었습니다. 엘리야는 이러한 이스라엘의 악행에 침묵하지 않고 그것을 죄라고 질타했습니다. 하지만 이스라엘 백성은 이러한 지적을 받아들이지 않았습니다. 둘 중 어느 한쪽을 선택하자니 다른 한쪽을 포기할 때 생기는 손실이 너무나 커 보였던 것입니다. 결국 그들은 양쪽을 모두 섬기기로 결심함으로써 하나님의 첫 번째 계명인 제 1계명을 어기고 말았습니다.

여호와 신앙과 바알 신앙

1996년 하버드대학교 종교사회학 교수인 하비 콕스(H. Cox) 박사가 한세대학교를 방문해 강연을 한 적이 있었습니다. 그때 하비 콕스는 다음과 같이 말했습니다.

지난 20세기는 이데올로기로 갈등을 빚는 시대였습니다. 공산주의와 민주주의, 사회주의와 자본주의가 세계를 지배해 왔습니다. 그리고 이 이데올로기의 갈등으로 전 세계가 나뉘기도 하였습니다. 그러나 1990년에 구소련이 무너지면서 이데올로기의 시대는 막을 내렸습니다. 이제 21세기의 기준은 오직 '돈', 즉 '경제'가 될 것입니다. 경제적인 이익이 생기면 과거의 적도 우군이 되고 경제적인 이익이 생기지 않으면 현재의 우군도 적이 될 것입니다. 그러기에 21세기는 '여호와 하나님'(Yahweh-God)과 '시장 신'(Market-god)이 대결하는 시대가 될 것입니다. 경제를 최우선의 가치로 보는 시장의 신이 바로 21세기 바알입니다. 즉, 바알 신앙은 인간에게 물질의 풍요를 약속하는 신앙입니다. 앞으로는 바알, 즉 물질을 놓고 경쟁하는 시대가 열릴 것입니다.

21세기가 되었습니다. 그리고 마치 하비 콕스의 예측이 적중이라도 하듯 국가 간의 전쟁이 끊이지 않습니다. 분쟁의 원인은 이제 더 이상 이데올로기가 아닙니다. 경제적 이득입니다. 몇 년 전 미국이 이라크를 침공할 때, 당시 미국이 북한도 공격하지나 않을까 하는 우려의 목소리가 있었습니다. 그러나 중동 지역 전문가들은 미국이 북한은 공격하지 않을 것이라고 확신했습니다. 왜냐하면 이라크에게서는 얻어 낼 경제적 이익이 있지만, 북한은 공격해 봤자 얻어 낼 경제적 이익이 없기 때문입니다.

바로 이런 이유로 당시 의식 있는 세계 그리스도인들은 미국의 이라크 침공을 반대하며 기도했습니다. 이라크를 위해서가 아니라 옳지 않은 전쟁을 반대하는 것이었습니다. 게다가 사실 역사상 정당한 전쟁이란 존재하지 않았기 때문에, 이는 전쟁 자체에 대한 반대이기도 했습니다. 미국의 이라크 침공의 이면에는 석유 자원의 확보라는 경제적 목적이 있었습니다. 경제적 이권을 얻기 위해 중동 지역의 주도권을 차지하고자 하는 속내가 있었던 것입니다. 한 나라의 경제적 이득 때문에 전쟁이 일어나 수천, 수만 그리고 때에 따라서는 수십 만의 죄 없는 생명이 희생당했습니다.

지금도 21세기의 바알은 물질로 사람들을 유혹합니다. 경제적 이윤을 위해서라면 어떻게 해서든 명분을 만들고 생명까지 희생시키는 것이 이 세계의 질서로 자리잡았습니다. 돈은 세계 질서를 움직이는 핵심 가치가 되었습니다. 돈이 최고라는 가치관은, 알고 보면 물질의 신 바알을 숭배하는 신앙입니다. 여호와 신앙은 영적, 정신적 가치가 돈, 물질, 경제보다 더 중요한 가치라고 믿습니다. 그러나 바알 신앙은 모든 가치보다 돈이 우선합니다. 우리는 여호와 신앙, 바알 신앙 중 무엇을 추구하고 있습니까?

까닭 없는 신앙, 까닭 있는 신앙

종교개혁자 마르틴 루터(Martin Luther)는 이렇게 경고했습니다. "지금 당신이 마음에 두고 의지하는 것이 바로 당신의 하나님입니다."

우리가 마음속으로 하나님보다 좋아하는 것, 소중하게 여기는 것, 의지하는 것 혹은 하나님과 동일하게 여기는 것이 있다면, 그것이 바로 우리의 하나님입니다. 이것은 제1계명의 가르침을 어기는 것입니다. 폴 틸리히(P. Tillich)라는 신학자는 하나님을 정의할 때 '궁극적 관심'(ultimate concern)이라는 단어를 사용했습니다. 즉, 우리가 궁극적으로 관심을 두는 대상이 하나님이 아니라 건강이나 물질이나 명예라면 우리는 바로 우상을 숭배하고 있는 것입니다.

성도들은 하나님 앞에서 살아가는 사람들입니다. 이것을 라틴어로 '코람데오'(Coram Deo)라고 합니다. 그리스도인의 삶은 누구나 다 하나님 앞에 노출되어 있습니다. 많은 그리스도인이 하나님을 섬긴다고 하지만 실제로는 하나님이 아닌 돈, 권세, 명예, 건강, 자식, 평안을 하나님처럼 섬깁니다. 그렇기 때문에 그리스도인이 전체 인구의 4분의 1을 차지하고 있음에도 불구하고 우리나라의 정치, 경제, 사회, 문화에 아직도 기독교적 가치가 뿌리내리지 못하는 것입니다. 로마서가 말하고 있듯이 하나님 이외의 것들은 모두 피조물입니다. 따라서 하나님 외의 다른 것들로 하나님을 대신한다거나 그것들을 하나님과 동등하게 여긴다면 그것은 피조물을 섬기는 행위이며 우상숭배입니다.

> 이는 그들이 하나님의 진리를 거짓 것으로 바꾸어 피조물을 조물주보다 더 경배하고 섬김이라 주는 곧 영원히 찬송할 이시로다 아멘(롬 1:25).

적지 않은 사람이 피조물을 창조주보다 더 경배합니다. 예배 드리는 시간에도 하나님을 제대로 만나기보다는 돈과 자식, 출세할 생각에 빠져 있습니다. 그러나 이러한 생각들로 꽉 찬 채 예배를 드린다면 그것은 하나님이 아닌 우상에게 예배하는 행위입니다. 예배 시간에는 오직 하나님만을 생각하고 그분께만 집중해야 합니다. 더 나아가 그 시간뿐 아니라 우리 삶 전체에서 오직 하나님 한 분만을 섬기며, 그분만으로 평안과 위로를 얻어야 합니다. 그외 나머지 것들은 인생에서 부수적인 것들입니다.

이스라엘 백성이 바알을 따른 이유는 바알이 물질적 풍요를 보장해 줄 것이라고 믿었기 때문이었습니다. 그렇다면 여호와 하나님은 물질의 풍요와는 전혀 상관이 없는 분일까요? 그렇지 않습니다. 이스라엘 백성이 소유한 것은 그것이 영적인 것이든 물질적인 것이든 간에, 모두 바알이 아닌 여호와로부터 온 것들이었습니다. 예언자 호세아는 이 점을 분명히 밝히고 있습니다.

> 곡식과 새 포도주와 기름은 내가 그에게 준 것이요
> 그들이 바알을 위하여 쓴 은과 금도 내가 그에게 더하여 준 것이거늘
> 그가 알지 못하도다(호 2:8).

여호와 하나님은 영적인 것뿐 아니라 물질도 주관하십니다.

그러나 예수님은 제자들에게 물질이 아닌 하나님 나라와 의를 먼저 구하라고 하셨습니다. 그리하면 이 모든 것을 다 주시기 때문입니다.

> 그런즉 너희는 먼저 그의 나라와 그의 의를 구하라 그리하면 이 모든 것을 너희에게 더하시리라(마 6:33).

물질은 우리가 추구할 대상이 아닙니다. 하나님 앞에서 바로 살려고 노력할 때, 하나님께서 우리의 필요에 따라 은혜로 주시는 것입니다. 그러나 사람들은 하나님의 나라와 의를 구하기 전에 자신에게 필요한 것들을 먼저 구합니다. 성경에는 이런 것들은 이방인이 구하는 것이라고 말합니다.

> 그러므로 염려하여 이르기를 무엇을 먹을까 무엇을 마실까 무엇을 입을까 하지 말라 이는 다 이방인들이 구하는 것이라 너희 하늘 아버지께서 이 모든 것이 너희에게 있어야 할 줄을 아시느니라(마 6:31-32).

자신의 필요가 우선인 사람들은 신앙생활을 마치 보험처럼 여깁니다. 그들은 신앙생활을 하면 자신이 하고 있는 모든 일이 잘 진행되며, 원하는 것이 모두 이루어지는 것처럼 생각합니다. 그러나 그것은 착각입니다. 겉으로는 하나님을 섬기는 것처럼 보이지만, 그 생각과 마음은 이방인과 같은 것입니다. 예수님을 믿는 것이 돈 버는 수단이 되어서는 안 됩니다. 그런 사람들은 물질을 선하게 사용할 수 없을 뿐 아니라, 신앙생활도 계산적일 수밖에 없습니다. 아직도 많은 그리스도인이 제 1계명 앞에 올바로 무릎 꿇지 못하고 있습니다. 욥기 1장에서 사탄은 욥을 참소하면서, 욥이 까닭 없이 하나님을 경외하는 것이 아니라고 주장합니다.

> 사탄이 여호와께 대답하여 이르되 욥이 어찌 까닭 없이 하나님을 경외하리이까 주께서 그와 그의 집과 그의 모든 소유물을 울타리로 두르심 때문이 아니니이까 주께서 그의 손으로 하는 바를 복되게 하사 그의 소유물이 땅에 넘치게 하셨음이니이다(욥 1:9-10).

사탄은 그럴 만한 이유가 있기 때문에 욥이 하나님을 믿는다고 말합니다. 여기서 사탄이 말하는 '까닭 있는 신앙', 이것은 잘못된 신앙입니다. 하나님을 목적이 아니라 수단으로 인식하기 때문입니다. 무엇인가를 얻기 위해 하나님을 믿는 것은 바른 신앙이 아닙니다. 이와 같은 계산적인 신앙은 제 1계명을 범하는 것입니다.

하나님만 보이는 경지

신명기 6장 전체는 제 1계명에 대한 해설입니다. 특히 신명기 6장 4-5절은 부정명령인 제 1계명을 긍정명령으로 변형시킨 것입니다.

> 이스라엘아 들으라 우리 하나님 여호와는 오직 유일한 여호와이시니 너는 마음을 다하고 뜻을 다하고 힘을 다하여 네 하나님 여호와를 사랑하라.

여기서 '네 마음을 다하고, 네 뜻을 다하고, 네 힘을 다하여'라는 말은 '전적인 헌신'을 가리킵니다. 하나님 외에 나눔이 없는 헌신, 하나님 앞에서 오직 하나님만이 보이는 경지를 말하는 것입니다. 상대 앞에서 자신은 없어지고 상대만 보이는 것, 이를 한자로 '진기'(盡己)라고 합니다. 상대에게 마음을 다한 나머지 자신이 보이지 않는 경지까지 이르러야 합니다. 하나님 앞에서 오직 하나님만! 이것이 '코람데오의 진기'입니다.

많은 그리스도인이 하나님을 믿고, 예수님을 구주로 고백하고, 성령님을 의지하면서도 왜 기쁨과 능력이 넘치는 삶을 살지 못할까요? 그 이유는 하나님과 나 사이에 엉뚱한 것들이 가로막고 있기 때문입니다. 그것이 바로 우상입니다.

우리는 그 우상의 불순물들을 제거해야 합니다. 그래서 하나님만 바라보는 삶을 살아야 합니다.

제 2계명

네 구미에 맞게 하나님을 만들지 말라

● 출 20:4-6

● 출 20:4-6

너를 위하여 새긴 우상을 만들지 말고 또 위로 하늘에 있는 것이나
아래로 땅에 있는 것이나 땅 아래 물 속에 있는 것의 어떤 형상도 만들지 말며
그것들에게 절하지 말며 그것들을 섬기지 말라
나 네 하나님 여호와는 질투하는 하나님인즉 나를 미워하는 자의 죄를 갚되
아버지로부터 아들에게로 삼사 대까지 이르게 하거니와
나를 사랑하고 내 계명을 지키는 자에게는 천 대까지 은혜를 베푸느니라

여호와의 형상인가, 이방신의 형상인가?

제 2계명에서 '새긴 우상'으로 번역된 히브리어 '페셀'은 신으로 섬기려고 나무나 돌에 새겨 만든 그림을 가리킵니다. 나중에는 쇠붙이를 녹여 만든 모양을 뜻하기도 하였습니다. 아무튼 제 2계명은 우상 제조를 금지합니다. 그런데 우상 제조 금지가 여호와의 형상화를 금지하는 것인지, 아니면 이방신의 형상화를 금지하는 것인지 본문에 분명히 명시되어 있지 않습니다. 오늘날 대다수 구약성경 학자들은 여호와 형상화를 금하는 계명으로 해석합니다.

이방신의 형상인 우상을 금하는 내용은 이미 제 1계명 안에 포함되어 있습니다. 따라서 제 2계명에서 굳이 제 1계명에 언급된 문제를 반복할 필요는 없어 보입니다. 적어도 출애굽기 20장 4절이 말하고 있는 제 2계명은 이스라엘의 하나님 여호와의 형상화 금지로 보입니다. 이는 "너희는 나[여호와]를 비겨서 은으로나 금으로나 너희를 위하여 신상을 만들지 말고"라고 기록된 출애굽기 20장 23절에서도 잘 알 수 있습니다. 후대에 출애굽기 20장 4절을 해석한 신명기 4장 15-16절에도 "여호와께서 호렙 산 불길 중에서 너희에게 말씀하시던 날에 너희가 어떤 형상도 보지 못하였은즉 너희는 깊이 삼가라 그리하여 스스로 부패하여 자기를 위해 어떤 형상대로든지 우상을 새겨 만들지 말라"는 내용으로 여호와의 형상화를 금지하는 부분이 나타납니다. 시내 산에서 드러난 여호와의 현존은 그분의 '소리', 즉 '말씀'이었지 그분의 '모습'은 아니었습니다. 따라서 여호와 신앙은 귀로 듣고 믿는 '귀의 종교'이지, 눈으로 보고 믿는 '눈의 종교'가 아닙니다.

이 계명은 "위로 하늘에 있는 것이나 아래로 땅에 있는 것이나 땅 아래 물 속에 있는 것의 어떤 형상도 만들지" 말라(4절)고 명령합니다. 아마도 '하늘, 땅 그리고 물속'이라는 세 가지 범주는 인간이 알고 있는 '온 세상'을 말하는 것 같습니다. 여호와 하나님은 온 우주 삼라만상의 그 어떤 형상으로도 만들어져서는 안 된다는 것을 강조하는 것입니다. 당시 고대 근동에서는 하늘과 땅과 물속에 있는 형상을 본떠 자신들의 신상을 만들었습니다. 자신들이 만든 신상에게 옷을 입히고, 화장을 시키고, 음식을 대접하고, 그 신상으로 점술도 실행하였습니다.

그러나 이스라엘은 그들의 하나님 여호와를 형상화하지 말라는 명령을 받았습니다. 제 1계명에서 드러난 '여호와 신앙의 배타성'과 더불어 제 2계명에서 나타난 '여호와 형상화 금지'는 종교사적으로 볼 때 매우 특이한 현상입니다. 신의 형상화 금지는 고대 근동의 어느 종교에서도 유사한 예를 찾을 수 없는 이스라엘만의 독특한 현상입니다. 당시에는 그림이나 형상들이 강한 영향력을 갖고 있기 때문에, 자신들이 따르는 신들을 형상화하는 것이 당연했고 그 형상을 적극적으로 활용하는 것이 보편적인 문화였습니다.

질투의 하나님

제 2계명은 이어서 "그것들에게 절하지 말며 그것들을 섬기지 말라 나 네 하나님 여호와는 질투하는 하나님"이라고(5절) 말합니다. 여호와 하나님이 '질투하는 하나님'[엘 카나]으로 불리고 있습니다. '질투'로 번역된 히브리어 '카나'는 번역하기가 쉽지 않은 단어입니다. 이 단어의 명사형 '키나'는 보통 질투로 번역됩니다. 그러나 이 단어에서 일반적으로 질투라는 단어가 품고 있는 부정적인 어감은 느껴지지 않습니다. 이 단어의 본래적인 의미를 살린다면 '열정, 정열'이라고 번역될 수 있습니다.

하나님은 자신의 백성인 이스라엘을 향하여 열정을 갖고 계십니다. 따라서 이스라엘도 자신을 향한 하나님의 열정에 합당한 열정을 보여 주어야 합니다. 여호와의 질투는 오직 여호와 하나님 한 분만을 섬기겠다고 약속한 사람이 그것을 어겼을 때 임하는 것입니다. 그래서 '질투하시는 하나님'은 '자신의 권리를 찾으시는 하나님'으로도 번역이 가능합니다.[3] 하나님은 마땅히 하나님으로서 존경받아야 합니다. 그러나 하나님께서 합당하게 존경받지 못하실 때, 그분은 가만히 계시지 않고 하나님으로서 마땅히 받아야 할 권리를 찾고자 하십니다. 이사야 42장 8절에는 다음과 같이 기록되어 있습니다.

> 나는 여호와이니 이는 내 이름이라
> 나는 내 영광을 다른 자에게,
> 내 찬송을 우상에게 주지 아니하리라.

하나님은 마땅히 받으셔야 할 영광과 찬송을 결코 빼앗기지 않습니다.

하나님을 인격적으로 묘사하고 있는 '질투하는 하나님'이란 표현은 한편으로는 '이스라엘을 뜨겁게 사랑하시는 하나님'이라는 의미입니다. 사실 사랑이 없으면 질투도 생기지 않습니다.

저는 체질상 인삼이 맞지 않고 홍삼이 맞습니다. 스승의 날, 어떤 학생으로부터 홍삼정을 두 병 선물 받았습니다. 평상시 건강을 위해서 하는 일이란, 숨쉬기 운동밖에 없는지라 홍삼정만큼은 꼬박꼬박 챙겨 먹으려고 했습니다. 그러나 혼자만 건강하면 뭘 합니까? 아내도 같이 건강해야지요. 나 혼자 먹기도 아까운 것이지만, 내심 큰 맘 먹고 홍삼정을 아내에게 선물로 주었습니다. 그런데 아내가 그 아까운 홍삼정을 자신의 동료 교수에게, 그것도 어떤 남자 교수에게 주고 왔습니다. 아무렇지도 않게 말하는 아내를 보니 마음이 심히 불편했습니다.

속으로만 물어보았습니다. '당신은 누가 더 소중한가?' 그런데 그런 서운한 심정을 그대로 전달한다면, "남자가 쫀쫀하게, 당신 지금 질투하냐?"는 핀잔만 들을까 봐 며칠 동안 속으로만 끙끙 앓았습니다. 그러다 내가 왜 이럴까 생각해 보았습니다. 이것은 도량이 좁아서도, 비교의식이나 열등감 때문도 아니었습니다. 바로 사랑 때문이었습니다. 사랑이 없으면 질투도 없습니다. 다른 사람에게 사랑을 빼앗겼을 때 질투가 발동하는 것입니다.

질투하시는 하나님이란 다른 한편으로 '이스라엘에게 사랑받기를 원하시는 하나님'이기도 합니다. 하나님은 그의 백성에게 온전한 충성과 헌신을 요구하십니다.

> 이스라엘아 들으라 우리 하나님 여호와는 오직 유일한 여호와이시니 너는 마음을 다하고 뜻을 다하고 힘을 다하여 네 하나님 여호와를 사랑하라(신 6:4-5).

하나님은 자신의 백성에게 유일한 사랑의 동반자가 되기를 원하십니다. 질투하실 정도로 우리를 사랑하시기 때문입니다.

가계에 흐는 저주?

제 2계명은 "그것들에게 절하지 말며 그것들을 섬기지 말라 나 네 하나님 여호와는 질투하는 하나님인즉 나를 미워하는 자의 죄를 갚되 아버지로부터 아들에게로 삼사 대까지 이르게 하거니와 나를 사랑하고 내 계명을 지키는 자에게는 천 대까지 은혜를 베푸느니라"(5-6절)로 종결됩니다. 이 구절에서 죄가 3-4대까지 이른다는 내용이 눈에 들어옵니다. 아버지의 죄 때문에 3-4대에 걸쳐 불행을 당한다는 것은 너무 억울한 일이 아닐까요? 벌이란 죄 지은 사람이 받아야지, 그 죄와 무관한 자식과 손자들까지 받는 것은 하나님의 정의에 위배되는 것이 아닐까요?

여기서 3-4대에 걸친 보복은 흔히 오해하는 '가계에 흐르는 저주'와는 상관이 없습니다. 어떤 가정에는 가계에 3-4대에 걸친 저주가 흐르고 있어서 그 저주를 끊어야 한다고 말합니다. 이러한 생각은 한때 책으로 출판되어 화제가 된 적이 있습니다. 그러나 '가계에 흐르는 저주론'은 성경적인 가르침이 아닙니다. '자손 대대로 조상의 죗값을 치러야 한다'는 것은 구약성경의 가르침과는 정면으로 배치되는 사상이기 때문입니다.

> 아버지는 그 자식들로 말미암아 죽임을 당하지 않을 것이요 자식들은 그 아버지로 말미암아 죽임을 당하지 않을 것이니 각 사람은 자기 죄로 말미암아 죽임을 당할 것이니라(신 24:16).

이러한 사상은 주전 597년 바벨론 포로로 끌려간 유다 사람들의 주장과도 일맥상통합니다. 바벨론의 포로로 잡혀간 사람들은 "아버지가 신 포도를 먹었으므로 그의 아들의 이가 시다"(겔 18:2)고 떠들어 대며, 자신들의 잘못 때문이 아니라 조상들의 죗값 때문에 자신들이 포로로 끌려왔다고 생각했습니다. 바로 이러한 사람들에게 에스겔 선지자는 지적합니다.

> 모든 영혼이 다 내게 속한지라 아버지의 영혼이 내게 속함 같이 그의 아들의 영혼도 내게 속하였나니 범죄하는 그 영혼은 죽으리라(겔 18:4).

옳습니다. 벌은 죄를 범한 사람이 받는 것입니다. '죄의 숙명론'도, '죄의 연좌제'도 모두 비성경적입니다.

그렇다면 여기서 죄를 3-4대에 걸쳐서 갚겠다는 말은 어떻게 이해하여야 할까요? 여기서 3-4대란 후손을 가리키기보다는 당시 대가족 제도와 관련되어 이해해야 합니다. 당시는 보통 3-4대가 대가족을 이루어 함께 살고 있었습니다. 따라서 한 사람의 행동이 그가 속한 집단의 운명에 영향을 준다는 의미로 이해되어야 합니다. 예를 들어 한 가정의 경제를 책임진 가장이 경제적 파산에 이르게 되면, 그 가족 전체가 경제적인 고통을 함께 짊어지는 것과 같습니다. 그러나 이 구절에서 초점을 맞추어야 할 부분은, 죄는 3-4대까지 은혜는 1000대까지 미친다는 '3-4대'와 '1000대'라는 불균형의 대비입니다. 하나님은 벌은 될 수 있는 대로 적게 주시고, 벌을 주어야 한다면 당대의 한 가족으로 제한하신다는 것입니다. 반면 복은 될 수 있는 한 많이 주시고자 하십니다. 시편의 한 시인은 하나님의 마음을 이렇게 노래하고 있습니다.

> 그의 노염은 잠깐이요 그의 은총은 평생이로다
> 저녁에는 울음이 깃들일지라도 아침에는 기쁨이 오리로다(시 30:5).

죄와 벌은 대물림되지 않습니다. 그러나 복과 은총은 계속 대물림됩니다. 이것이 하나님의 은혜입니다. 그러므로 지금 우리가 하나님의 계명을 잘 지키고 준행한다면 우리 후손들은 하나님의 은혜의 손길 안에 확실하게 거하게 될 것입니다. 우리가 하나님 앞에서 제대로 신앙생활하는 것이 내 아들, 내 딸, 내 자손이 복을 받는 길입니다. 그것이 우리가 자녀들에게 줄 수 있는 가장 값지고 귀한 유산입니다.

사람의 방식 하나님의 방식

왜 하나님은 이스라엘 백성에게 자신의 형상화를 금지하셨을까요? 보통 신앙의 대상이 형상화되면, 그 형상은 자연스럽게 신 자체와 동일시됩니다. 그렇게 되면 신상을 이용하여 자신의 이득을 취하고자 하는 마음이 생기게 됩니다. 우리는 이와 관련된 사건으로 모세의 놋뱀을 생각할 수 있습니다. 광야 시절에, 모세의 놋뱀은 독뱀에 물린 자들이 쳐다보기만 해도 치유가 되는 놀라운 성물이었습니다.

> 모세가 놋뱀을 만들어 장대 위에 다니 뱀에게 물린 자가 놋뱀을 쳐다본즉 모두 살더라(민 21:9).

그러나 시간이 지나면서 놋뱀은 그 자체에 영적인 능력이 있는 것으로 곡해되고 맹신되었습니다. 따라서 이후 히스기야 시대에 이르러 모세의 놋뱀은 우상으로 전락했습니다. 결국 히스

기야는 한때 하나님의 치료의 능력을 전달하는 은혜의 상징이
었던 모세의 놋뱀을 제거합니다.

> 히스기야가 그의 조상 다윗의 모든 행위와 같이 여호와께서 보시
> 기에 정직하게 행하여 그가 여러 산당들을 제거하며 주상을 깨뜨
> 리며 아세라 목상을 찍으며 모세가 만들었던 놋뱀을 이스라엘 자
> 손이 이때까지 향하여 분향하므로 그것을 부수고 느후스단이라
> 일컬었더라(왕하 18:3-4).

사실 고대 근동 사람들은 누군가를 그린 그림을 갖고 있으면, 그 사람을 자신의 마음대로 조종할 수 있다고 생각했습니다. 따라서 그림은 단순한 그림이 아닙니다. 그 그림의 주인공에게 영향을 줄 수 있는 수단이 됩니다. 결국 하나님을 섬기기 위해 하나님을 그림이나 형상으로 만든다는 것은 그 하나님을 마음대로 조종할 수 있다는 생각과 자연스럽게 이어지는 것입니다.

형상화는 창조주를 피조물로 전락시키는 행위입니다. 형상이 되는 순간부터 여호와 하나님은 형상 안에 갇히며, 인간의 경험 안에 귀속됩니다. 여호와 하나님은 인간이 만든 피조물에 갇혀 있지 않으십니다. 그러므로 형상화 금지 계명의 핵심은 하나님과 세계를 근본적으로 구별하는 데 있습니다. 하나님은 창조주이시고, 인간은 피조물입니다. 하나님은 하나님이시고,

인간은 인간입니다. 여호와 하나님은 원칙적으로 이 세계의 어떤 피조물과도 동일시될 수 없습니다. 하나님 자신을 제외하고는 그 무엇도 하나님을 계시할 수 없습니다. 여호와 하나님은 어떤 형상으로도 나타낼 수 없는 창조주이시며, 이떤 형상에도 얽매이지 않는 초월적인 역사의 주인이십니다.

따라서 여호와 하나님을 있는 그대로 섬겨야지, 우리가 상상하는 모양이나 우리가 좋아하는 모습으로 만들어 섬겨서는 안 됩니다. 이 계명에서 "너를 위하여 새긴 우상을 만들지 말라"의 '너를 위하여'[르카]라는 단어는 자기중심적으로, 혹은 자기 취향대로 하나님을 섬겨서는 안 된다는 사실을 강조하는 말입니다. 하나님은 인간의 창조주이시지 인간의 피조물이 아닙니다. 하나님은 인간과 차원이 다른 분이십니다. "하나님은 하늘에 계시고 너는 땅에 있음이니라"(전 5:2).

대학에서 중간고사나 기말고사를 치르다 보면 가끔 이런 일이 발생합니다. 자신이 공부하지 않은 문제가 나왔을 경우, 학생들은 백지를 낼 것인지, 아니면 문제와 상관없이 그냥 자신이 공부한 것이라도 적을지 고민합니다. 그리고 자신이 공부했다는 사실을 알리고 교수의 선처를 구하기 위하여, 자기 스스로 문제를 내고 나름대로 답안을 작성하여 제출합니다. 일명 학생 스스로 문제를 내고 답안을 적는 자출(自出) 문제지를 작성한 것입니다. 그러나 시험은 교수가 출제한 문제의 답을 적는 것이지, 학생이 마음대로 자기가 출제한 문제를 풀어서 제출하는 것이 아닙니다. 이런 답안은 백지 답안보다는 나아 보일지 모르지만, 점수를 받을 수 없습니다.

한국 기독교는 지금까지 인간을 창조한 하나님을 자기 멋대로 재창조함으로써, 창조되지 말아야 할 신을 만들어 왔는지도 모릅니다. 인간은 사물을 있는 그대로가 아닌, 자기 생각대로 바라보기 쉽습니다. 그러나 기억합시다. 하나님을 '자기 방식대로' 믿는 것은 자신을 위하여 새긴 우상을 만드는 것입니다. 이러한 행위는 하나님을 자기 구미에 맞게 만들어 놓고, 하나님을 자기 마음대로 조종하는 것과 같습니다. 하나님은 하나님의 방식대로 믿고 따라야 합니다. 하나님이 원하시는 대로, 하나님이 말씀하신 대로 믿고 순종해야 합니다. 여기서 하나님이 원하시는 방식, 그것이 바로 계명이고 율법입니다.

제 3계명

하나님의 이름에 먹칠하지 말라

● 출 20:7

● 출 20:7

너는 네 하나님 여호와의 이름을 망령되게 부르지 말라
여호와는 그의 이름을 망령되게 부르는 자를 죄 없다 하지 아니하리라

하나님의 이름

제 3계명의 내용은 "너는 네 하나님 여호와의 이름을 망령되게 부르지 말라 여호와는 그의 이름을 망령되게 부르는 자를 죄 없다 하지 아니하리라"입니다. 여기서 '망령되게'라는 말의 사전적 의미는 '늙거나 정신이 흐려서 언행이 정상이 아닌 상태'를 뜻합니다. 따라서 이것은 다른 말로 '아무 생각 없이 하나님의 이름을 함부로 입에 올리지 말라'는 의미가 됩니다. 그런데 여기서 '함부로 말하다' 즉, '망령되게 부르다'는 말이 정확히 무엇을 의미하는지 쉽게 이해가 가지 않습니다.

'망령되게'[라쇠워]라는 단어는 그 의미를 크게 두 가지로 나눌 수 있습니다. 첫째는 '거짓으로'(falsely)라는 뜻이며, 둘째는 '헛되이'(for nothing, in vain)라는 뜻입니다. 출애굽기 23장 1절에서는 이 단어가 '거짓으로'라는 의미로 사용됩니다.

너는 거짓된[쇠와] 풍설을 퍼뜨리지 말며 악인과 연합하여 위증하는 증인이 되지 말며.

반면에 시편 127편 1절에서는 이 단어가 '헛되이'라는 의미로 나옵니다.

> 여호와께서 집을 세우지 아니하시면
> 세우는 자의 수고가 헛되며[솨와]
> 여호와께서 성을 지키지 아니하시면
> 파수꾼의 깨어 있음이 헛되도다[솨와].

따라서 문자적으로만 보면, 그 의미를 크게 둘로 나누어 첫째, '거짓으로' 하나님의 이름을 말하지 말라는 뜻이고 둘째, '헛되이' 하나님의 이름을 부르지 말라는 뜻입니다. "거짓으로 하나님의 이름을 말하지 말라"는 뜻은 보통 법정에서 위증을 금하는 내용으로 볼 수 있습니다.

> 너희는 내 이름으로 거짓 맹세함으로 네 하나님의 이름을 욕되게 하지 말라 나는 여호와이니라(레 19:12).

그렇다면 과연 제 3계명에서는 이 단어가 어떤 의미로 사용되었을까요? 여기서는 두 번째 의미, 그러니까 하나님의 이름을 남용하여 헛되이 부르지 말라는 의미로 보아야 합니다. 법정에서 위증하지 말라는 의미는 제 9계명과 중복되기 때문입니다. 즉, 제 3계명은 '거짓 맹세'를 금하는 것이 아니라 '여호와의 이름을 남용하는 것'을 금하는 것입니다.

이름을 가르쳐 주신 이유

고대 이스라엘 문화권에서 이름이란 단순히 어떤 사람을 지칭하는 말이 아니었습니다. '이름'이라는 것은 상당히 중요한 의미를 가지고 있었습니다. 이것은 다른 사람과 '구분' 해 주는 것 이상의 역할을 했습니다. 고대인들은 이름 속에 그 사람의 '운명'이 신비스러운 방식으로 내재되어 있다고 믿었습니다.

예를 들어, 엘리야라는 예언자의 이름은 '엘'(하나님), '리'(나의), '야'(여호와의 준말)의 합성어로서 '나의 하나님은 여호와이십니다'라는 뜻입니다. 엘리야는 당시 이스라엘 백성이 여호와 하나님과 우상인 바알 신을 동시에 섬기고 있는 종교혼합주의 행태에 빠지자, '참 신은 여호와 한 분이십니다'라는 메시지를 자신의 이름에 담고 살았던 것입니다. 엘리야의 이름에는 그의 운명이 고스란히 담겨 있었습니다. 즉, 하나님은 여호와 한 분밖에 없다는 사실을 알리는 것이 엘리야의 사명이었습니다. 이와 같이 이스라엘 사람들은 이름에는 그 사람의 운명과 하나님이 주신 사명이 포함되어 있다고 생각했습니다.

이와 마찬가지로 하나님의 이름에는 하나님의 실재가 담겨 있습니다. 즉, 하나님의 이름에는 하나님의 본성이 담겨 있는 것입니다. 따라서 하나님의 이름은 인간이 함부로 부를 수 없습니다. 인간이 하나님의 이름을 함부로 부르거나 남용한다면 그것은 사람이 하나님을 자기 마음대로 이용하는 것이나 다름없기 때문입니다. 그래서 제 3계명은 인간이 자기 마음대로 하나님을 부리듯이 부르는 것을 금하고 있는 것입니다.

네덜란드의 유명한 종교현상학자인 반 데르 레이우(van der Leeuw)는 "종교는 섬기는 것이고, 주술은 지배하는 것이다"라고 말했습니다. 사실 종교가 타락하면 주술이 됩니다. 주술은 무엇인가를 내 힘으로 해보려는 것입니다. 하나님도 예수님도 내 손아귀에 넣고 내 맘대로 조종하고자 하는 것입니다. 주술의 목적은 내가 원하는 것을 얻어 내는 것입니다. 종교가 주술이 되면, 기도도 자신의 뜻을 이루는 수단이 되고 맙니다. 우리가 어떤 힘을 발휘하기 위해 하나님의 이름을 부른다면, 우리의 신앙은 주술로 전락합니다. 그러나 참된 종교의 핵심은 지배하는 것이 아니라 섬기는 것입니다. 그러므로 우리의 신앙이 참된 종교가 되기 위해서는 욕심을 버리고 오직 하나님만 섬겨야 합니다.[4]

하나님은 자신의 이름을 인간에게 직접 알려 주셨습니다. 그 이름이 바로 '여호와'입니다. 이렇게 하나님께서 인간에게 자신의 이름을 가르쳐 주신 이유는 하나님의 이름을 '찬양'하게 하기 위해서이지, 다른 목적을 위해 수단으로 이용하라고 가르쳐 주신 것은 아닙니다.

그 영화로운 이름을 영원히 찬송할지어다(시 72:19).

그러므로 하나님의 이름을 찬양과 기도의 대상이 아닌 다른 목적으로 이용하는 것은 제 3계명을 어기는 것입니다.

하나님의 이름은 수단이 될 수 없다

인간 사회에서도 다른 사람의 이름을 함부로 도용하는 것은 범죄행위에 해당됩니다. 하물며 인간이 하나님의 이름을 도용한다면 그것은 당연히 명백한 범죄입니다. 그래서 제 3계명은 여호와의 이름을 오용하거나 남용하거나 도용하는 것을 죄라고 규정하는 것입니다. 말끝마다 하나님의 이름을 들먹이는 사람이, 사실은 그 속내에 인간적이고 세속적인 생각이 깃들어 있다면, 그것은 하나님의 이름을 함부로 도용하는 것입니다. 그리스도인들이 행하는 하나님의 일은 모두 그것 자체가 목적이어야 합니다. 또한 하나님의 일을 하다가 생겨나는 모든 영광은 하나님께 돌아가야 합니다. 자칫하면 하나님의 일이 수단으로 전락할 수도 있기 때문입니다. 인간은 때때로 하나님의 이름을 빌려서 자신의 욕심을 채울 때가 있습니다. 또 자신도 모르게 하나님께 돌려야 할 영광을 가로채기도 합니다. 그러한 일들이 바로 제 3계명을 어기는 일입니다. 그렇기 때문에 하나님께 드리는 우리의 기도는 늘 "나의 뜻이 아닌 아버지의 뜻대로 하옵소서"라는 고백으로 끝나야 합니다.

이런 이야기가 있습니다. 어떤 사람이 죽기 직전에 예수님을 영접하였습니다. 이 초신자는 예수님을 너무 늦게 믿은 것이 후회되어 얼마 남지 않은 삶 동안 주님을 섬기는 데 열심을 내었습니다. 얼마 후 그는 죽음을 맞이하고 천국에 가게 되었는데, 저 멀리 보좌 위에 앉아 계시던 예수님께서 천국 입구까지 달려오시면서 기쁘게 맞아 주시더랍니다. 얼마 후 그 초신자가 다니던 교회의 장로님이 천국에 오셨습니다. 그러자 예수님은 보좌에서 일어나셔서 그 장로님을 맞아 주셨습니다. 얼마 지나지 않아 그 교회 목사님도 천국에 오시게 되었습니다. 그런데 이상하게도 예수님은 두 손으로 보좌를 꼭 잡으시고 목사님을 맞으시는 것이었습니다. 초신자는 궁금해서 예수님께 물었습니다. "저는 천국 입구까지 달려오셔서 맞아 주셨는데 왜 저 분은 그렇게 맞아 주십니까?" 그때 예수님께서 대답하셨습니다.

"저 친구들은 말이지, 세상에 있을 때 내가 보좌에서 일어나려고만 하면 내 자리를 깔고 앉아 일어날 줄 몰랐던 사람들이야."

어쩌면 하나님의 이름을 가장 많이 말하는 사람들이 실제로는 하나님의 영광을 가장 많이 가로채고 있는지도 모릅니다. 하나님의 이름을 목적이 아닌 수단으로 사용한다면 이후에 하나님께 심판을 받을 것입니다. 특별히 자신의 위치를 지키기 위해서 혹은 개인의 유익을 얻기 위해서 하나님의 이름을 도용한다면, 그것은 오히려 하나님을 욕되게 하는 일입니다.

그러나 하나님의 일을 성실히 행하는 과정에서, 불가피하게 하나님께 돌려져야 할 영광이 도구로 쓰인 인간에게 돌아갈 때가 있습니다. 이것은 예기치 못하게 분에 넘치는 상황입니다. 그런데 바로 이때 이것을 당연하게 여긴다면, 그 또한 하나님의 영광을 도적질하는 행위입니다. 따라서 청지기와 같이 하나님의 일을 열심히 하다가 혹시라도 하나님께 돌아가야 할 영광이 자신에게 돌아온다면, 그때는 이를 감사하게 여겨야 합니다. 개인이든 단체이든 하나님의 이름을 들먹이며 자신의 생각과 계획을 합리화하고 합법화시키는 사람들에게 하나님은 이렇게 말씀하십니다.

> 너는 네 하나님 여호와의 이름을 망령되게 부르지 말라 여호와는 그의 이름을 망령되게 부르는 자를 죄 없다 하지 아니하리라.

여호수아 착각 증후군

　　　　　　다른 사람의 인격을 짓밟으면서도 하나님의 일을 하고 있다고 착각하고, 때로는 전쟁도 서슴지 않는 사람들이 있습니다. 자신의 일에 하나님의 이름만 갖다 붙이면 마치 하나님의 일이 되는 것인양 착각하는 것입니다.

　구약성경에 등장하는 여호수아는 하나님의 명령을 받아 가나안의 여러 지역을 공격하여 그 땅을 점령했습니다. 당시 여호수아는 하나님의 거룩한 전쟁을 이끄는 수장이었습니다. 그런데 이 여호수아가 일으킨 전쟁은 하나님 백성의 생존권을 확보하기 위한 특수한 전쟁이었습니다. 따라서 이러한 전쟁은 여호수아 시대로 국한됩니다. 구약성경은 그 이후 영토를 확장하기 위해 다윗이 벌인 전쟁을 거룩한 전쟁이라고 지칭하지 않습니다.

　오늘날에도 전쟁을 일으키는 사람들이 있습니다. 그들은 여호수아가 아닙니다. 그러나 그들은 자신이 마치 하나님의 명령을 받은 여호수아가 된 것처럼 전쟁을 정당화하고 있습니다. 그것은 모두 착각일 뿐입니다. 우리는 이런 사람들을 가리켜서 '여호수아 착각 증후군' 환자라고 말합니다. 이런 사람들은 전쟁을 일으키는 것은 하나님의 뜻이며, 상대편은 모두 멸절해야 할 가나안 족속들이라고 여기기 때문입니다.

이러한 사람들은 겉으로는 하나님의 이름을 들먹입니다. 그러나 실제로는 하나님의 이름으로 죄악을 저지르는 결과를 낳을 뿐입니다. 안타깝게도 기독교 역사를 보면 이런 일들이 많이 자행되었습니다. 중세 십자군도 그런 예입니다. 예루살렘 성지가 회교도에게 점령되자, 예루살렘 성지를 탈환하기 위해 하나님의 이름으로 모인 군인들이 십자군이었습니다. 그들은 수많은 살생을 저질렀습니다. 그런데 역사는 십자군 전쟁을 '불의한 전쟁'(unjust war)이라고 평가하고 있습니다.

그후에도 많은 사람들이 기독교의 이름으로, 또 하나님의 이름으로 많은 잘못을 저질러 왔습니다. 제 2차 세계대전 당시, 독일의 나치 병사들은 "하나님은 우리와 함께 하신다"(Gott mit Uns)라는 구호를 새긴 군복을 입고 전쟁을 벌여 수많은 학살을 자행했습니다. 이는 하나님의 이름을 망령되게 부르며, 그 선하신 이름을 우리의 죄라는 진흙탕 속에 빠뜨리는 신성모독 행위입니다.

그러나 이러한 일은 먼 과거에만 발생하지 않습니다. 몇 년 전, 이라크를 공습하기 전에 교회에 기도를 부탁했던 미국의 전 대통령인 조지 부시(G. Bush)의 행위 역시 신성모독에 해당됩니다.

미국은 2003년 당시 세계적인 반대(2003년 2월 15일, 세계 60개국의 1000만 명 이상이 전쟁을 반대하는 시위에 참가했습니다)를 무시하고 국제연합안전보장이사회의 결의도 얻지 않은 채, 영국과 함께 이라크 공격을 감행했습니다. 미국과 영국의 명분은 그럴듯했습니다. 대량 살상 무기의 제거와 후세인 정권 타도, 이라크 국민의 해방이었습니다. 이것은 테러 조직 혹은 그 지원국에 대한 선제공격을 주장하는 부시 독트린이 적용된 최초의 전쟁이었습니다. '결사 항전' 태세를 취하는 이라크에 대항하여 미국은 진격한 지 약 한 달 만에 이라크 전역을 제압했습니다. 미국과 영국은 이라크가 대량 살상 무기를 숨겨 놓았다고 주장했습니다. 그러나 그런 무기는 아직까지도 발견되지 않고 있습니다.

이 사건뿐만 아니라, 일반 상식에도 어긋나는 수많은 일들이 아직도 그리스도인에 의해 하나님의 이름으로 자행되고 있습니다. 인간들은 '거룩한 전쟁'(holy war)이라는 그럴듯한 이름을 붙여서 전쟁을 일으키지만, 이 땅에서 하나님이 허락하시는 거룩한 전쟁은 없습니다. 동시에 '정당한 전쟁'(just war)도 없습니다. 모든 전쟁은 불의한 것이며, 하나님의 뜻을 거역하는 것입니다.

하나님이 자신의 이름을 가르쳐 주신 목적은 인간을 구원하기 위함이었습니다. 따라서 하나님의 이름을 내세우며 인간과 인간의 삶을 파괴하는 모든 시도들은 하나님의 이름을 남용하는 것입니다. 마태복음 7장 21절은 "나더러 주여 주여 하는 자마다 다 천국에 들어갈 것이 아니요 다만 하늘에 계신 내 아버지의 뜻대로 행하는 자라야 들어가리라"고 말씀하고 있습니다. 예수님은 이 땅의 평화를 원하십니다. 그 평화를 위해서 자신의 목숨까지 내놓으셨습니다. 그러기에 우리는 그리스도인으로서, 반전(反戰)과 평화를 위해 노력해야 합니다.

하나님의 이름에 합당한 삶

　　　　　하나님의 이름을 부르는 자들은, 하나님의 이름에 합당한 삶을 살아가야 할 의무가 있습니다. 그렇게 살 때에야 비로소 하나님의 이름을 부를 수 있는 올바른 자격을 갖게 됩니다.

　하나님의 이름을 함부로 부르지 마십시오. 하나님의 이름을 가지고 자기의 유익을 꾀하지 마십시오. 자신의 것을 이루기 위해서 하나님의 이름을 끌어들이지 마십시오. 이 모든 행위는 하나님의 이름을 망령되게 부르는 것입니다.

　유대인들에게 "여호와의 이름을 망령되게 부르지 말라"는 계명은 본래 매우 중요한 계명이었습니다. 그러다 보니 그들은 자신이 혹시 하나님의 이름을 잘못 부를까 봐 성경에 하나님의 이름이 나올 때마다 '주님'[아도나이] 또는 '하늘에 계신 분'(단 4:23) 혹은 '그 이름'(레 24:11)이라고 바꾸어 읽었습니다. 우리가 알고 있는 '여호와'라는 이름은 오늘날 성경신학자들이 가까스로 찾아낸 이름입니다. 이렇듯 유대인은 하나님의 이름을 함부로 부르지 못했습니다. 율법 서기관들이 성경을 옮겨 적을 때에 하나님의 이름인 히브리어 YHWH(יהוה) 글자가 나오면 그것을 읽지 않고 그냥 넘어갔습니다. 그들은 이 글자를 읽을 수 있었으나, 성경에 하나님의 이름을 망령되게 부르는 것은 죄라고 기록되어 있었기 때문에, 자신들이 하나님의 이름을 잘못 부를까 두려워서 그것을 읽지 않고 그냥 넘어간 것입니다. 또한 성경을 옮겨 적을 때에도 이 거룩한 글자(YHWH)가 나오면 옮겨 적기를 멈추고 몸을 씻고 손도 씻고 잉크도 새 것으로 갈고 두렵고 떨리는 마음으로 하나님의 이름을 한 자 한 자 기록하였습니다. 부정한 손으로 하나님의 이름을 함부로 썼다가 정죄당할까 봐 두려웠던 것입니다.

우리나라에도 이름을 소중하게 다루는 문화가 있습니다. 우리는 부모님의 이름자 뒤에 각각 '자'를 넣어서 말하는데, 이것 역시 부모님의 이름을 함부로 말하지 않기 위함이었습니다.

그러나 신약 시대에 와서 우리에게는 예수 그리스도의 이름으로 여호와 하나님을 '아빠 아버지'라고 부를 수 있는 특권이 생겼습니다. 다시 말하자면 구약 시대의 하나님은 이름도 함부로 부르지 못할 만큼 두렵고 무서우신 분이셨는데, 신약 시대에 와서 예수님을 통하여 '아빠'라고 부를 만큼 아주 가깝고 친

근한 분이 되신 것입니다. 따라서 오늘날 우리가 하나님의 이름을 마음껏 부르게 된 것은 하나님의 놀라운 은혜입니다.

> 누구든지 주의 이름을 부르는 자는 구원을 받으리라 (롬 10:13).

그런데 하나님의 이름을 마음대로 부를 수 있게 해 주었더니, 사람들은 처음의 은혜를 망각하고 정말 그 이름을 자기 마음대로 부르기 시작했습니다. 하나님의 이름은 '하나님을 찬양하거나', '하나님께 기도하거나', '다른 사람을 살리기 위해' 불러야 합니다. 그렇지 않고 자신의 욕심을 위해서 하나님을 부르는 것은 하나님의 이름을 망령되게 부르는 것입니다. 그러기에 하나님께 기도할 때 우리는 그 기도가 하나님의 이름을 망령되게 일컫는 기도가 아닌지 돌아볼 필요가 있습니다. 자신의 입으로 하나님의 이름을 불렀으면, 자신이 기도한 바를 책임지고 바로 살 수 있어야 합니다. 그것이 바로 하나님의 이름에 합당한 삶입니다.

또한 우리 그리스도인들은 하나님 앞에서 그분의 이름으로 드린 세례(침례) 서약과 혼인 서약 그리고 임직 서약 등 각종 서약을 얼마나 잘 지키고 있는지 심각하게 돌아보아야 합니다. 하나님의 이름으로 드린 서약들을 감히 망각하고 그것을 무시한 삶을 살아간다면 하나님의 이름을 망령되게 부르는 것입니다.

제 3계명은 금지를 나타내는 부정명령이지만 더 구체적이고 실질적인 긍정문 형식의 청유문으로 바꾸어 이해해야 합니다. 부정문은 마땅히 행해야 할 바를 구체적이고 실질적으로 제시해 줄 수 없기 때문입니다. 따라서 "너는 네 하나님 여호와의 이름을 망령되게 부르지 말라"는 "너는 네 하나님 여호와의 이름을 합당하게 불러라"가 되어야 합니다. 그래야 제 3계명의 의미가 구체적으로 나타나 하나님의 이름을 온당하고도 합법적으로 사용하는 방법을 인식할 수 있습니다.

청교도 가운데 한 사람인 스티븐 차녹(Stephen Charnock)은 "식탁에서는 그리스도인으로, 상점에서는 이교도로, 서재에서는 사탄으로 행동하는 것은 통탄할 일"이라고 지적했습니다. 신앙을 떠벌리면서도 그리스도인다운 모습을 거의 보이지 않는다면, 그것이 바로 하나님의 이름을 훼손하는 일이라는 것을 잊지 말아야 합니다.

그들이 하나님을 시인하나 행위로는 부인하니 가증한 자요 복종하지 아니하는 자요 모든 선한 일을 버리는 자니라(딛 1:16).

제 4계명

'주일은 놉니다', 주님과 함께

● 출 20:8-11

● 출 20:8-11

안식일을 기억하여 거룩하게 지키라
엿새 동안은 힘써 네 모든 일을 행할 것이나
일곱째 날은 네 하나님 여호와의 안식일인즉 너나 네 아들이나 네 딸이나
네 남종이나 네 여종이나 네 가축이나 네 문안에 머무는 객이라도 아무 일도 하지 말라
이는 엿새 동안에 나 여호와가 하늘과 땅과 바다와 그 가운데 모든 것을 만들고
일곱째 날에 쉬었음이라 그러므로 나 여호와가 안식일을 복되게 하여
그 날을 거룩하게 하였느니라

안식일 계명이 뭐길래?

주전 170년경 유대 땅은 그리스 사람이었던 안티오쿠스 에피파네스 4세가 통치하고 있었습니다. 그는 유대 지역에 헬레니즘을 뿌리내리게 하기 위하여 헤브라이즘의 기둥이었던 유대교를 박멸하려고 하였습니다. 따라서 안티오쿠스는 유대인들이 지켜 왔던 중요한 종교 전통인 할례와 안식일을 금지하였습니다. 그리고 율법에서 금지하고 있으며, 유대인들이 혐오하는 돼지고기를 억지로 먹게 했습니다. 또한 예루살렘 성전 안에 제우스 신상을 가져다 놓고 이방신들을 강제로 섬기게 하였습니다. 결국 신실한 유대인들은 자신의 신앙을 지키기 위해 산이나 광야로 도망가는 신세가 되고 말았습니다.

이때 안티오쿠스는 군대를 동원하여 유대인들이 일하지 않는 안식일을 골라 유대 땅을 침공하였습니다. 유대인들은 안식일을 지키기 위해서 그들과 싸우지 않고 그 자리에서 목숨을 잃었습니다. 외경 마카비전서 2장에 보면 적군들이 안식일을 택하여 공격해 왔기 때문에 유대인들이 고스란히 죽어 갔다는 내용이 등장합니다. 그 당시 유대인들은 안식일을 지키기 위해 죽음을 선택한 것입니다.

또한 유대인 역사가 요세푸스에 의하면 주후 63년 로마 제국의 폼페이 장군도 안식일에 예루살렘을 공격하였습니다. 유대인들은 안식일에 적들이 공격하면 결코 저항하지 않았습니다. 안식일을 철저히 지켜야 했기 때문입니다. 유대인들은 왜 자신의 목숨을 내놓으면서까지 안식일을 지켜야 했을까요? 이 계명이 무엇이기에, 자신의 목숨과 바꾸었을까요?

안식일은 언제부터?

안식일은 언제 시작되었을까요? 안식일은 적어도 십계명이 주어지기 이전, 즉 이스라엘 백성의 광야 생활 초기부터 지켜 왔던 것으로 보입니다. 제 4계명인 "안식일을 기억하여 거룩하게 지키라"는 말씀은 처음으로 안식일을 제정한 것이 아니라, 이미 안식일이 실행되고 있음을 전제하고 있습니다.

십계명이 주어지기 이전, 출애굽기 16장에 기록된 만나 사건에서도 안식일을 지키는 장면이 나옵니다. 하나님은 이스라엘 백성에게 매일 만나를 내려 주셨습니다. 그런데 6일째 되는 날에는 이틀 동안의 양식을 주시고, 7일째 되는 날에는 아무것도 주지 않으셨습니다. 그러면서 그들이 6일 동안에는 일하고, 7

일째 되는 안식일만큼은 일하지 않도록 철저하게 훈련시켜 주셨습니다. 처음에 이스라엘 백성은 그러한 섭리를 잘 알지 못했습니다. 그러나 시간이 지나면서 그들은 하나님께서 6일 동안 일하고 7일째 되는 날에는 쉬도록 자신들을 훈련시키신다는 사실을 알 수 있었습니다.

그후 하나님은 출애굽기 20장에서 모세를 통해 안식일 계명을 주셨습니다. 말하자면 실제(praxis)를 통해 먼저 안식일 교육을 시킨 다음, 그 뒤에 안식일을 지키라는 계명을 가르쳐 주신 것입니다. 이스라엘 백성은 출애굽 이후 시내 광야에 들어서면서 안식일 계명을 받았습니다. 그리고 이후의 광야 생활 동안 안식일을 체질화하는 훈련을 받았습니다. 이스라엘 백성이 이러한 훈련을 완벽하게 끝마치기까지 걸린 기간은 40년이었습니다. 그래서 광야 생활은 일종의 '안식일 학교'였습니다.

모세 시대의 일입니다. 민수기 15장에 보면 한 사람이 아무 생각 없이 나무하러 갔는데, 그날이 바로 안식일이었습니다. 사람들이 그 사람을 붙들어 모세한테 데리고 가서 어찌해야 하는지 하나님께 여쭈어 보았습니다. 하나님은 그 사람을 죽이라고 명하셨습니다. 우리가 보기에도 무시무시한 이야기입니다. 그러나 그만큼 광야 학교에서 안식일 교육은 중요했습니다. 안식일 계명이 중요했기 때문에 하나님은 안식일을 범한 사람을 죽이라고 명령하신 것입니다.

안식일 계명은 왜 지키지? 창조적 쉼과 자유와 해방

그렇다면 이스라엘 백성은 왜 안식일을 지켜야 했을까요? 안식일을 준수해야 하는 이유는 출애굽기 20장과 신명기 5장에서 서로 달리 말하고 있습니다. 먼저, 출애굽기 20장에서 말하는 이유는, 하나님의 창조 사건과 연관됩니다. 즉 하나님이 6일 동안 창조하시고 제 7일은 쉬셨으며, 하나님께서 이날을 복되고 거룩하게 하셨기 때문입니다. 하나님께서 쉬셨기 때문에 하나님의 백성도 쉬어야 한다는 뜻입니다.

여기서 "창조주가 쉬었으니 너도 쉬어라"는 말은 매우 중요한 의미를 가지고 있습니다. 고대 근동의 세계에서 쉴 수 있는 존재는 오직 신들뿐이었습니다. 당시 인간은 감히 쉴 수 있는 존재가 아니었습니다. 그런데 하나님은 자신의 백성을 그분만이 누리실 수 있는 안식에 초청해 주신 것입니다.

따라서 안식일은 하나님이 인간에게 주신 큰 선물입니다. 예수님은 "안식일이 사람을 위하여 있는 것이요 사람이 안식일을 위하여 있는 것이 아니니"(막 2:27)라고 말씀하셨습니다. 그러기에 안식은 인간에게 주어진 신적 특권입니다. 따라서 주기적으로 안식일을 지키는 것은 창조주와 창조질서에 순응하는 것입니다. 이 계명을 지킬 때, 인간은 하나님과 올바른 관계를 맺을 수 있습니다.

신명기 5장에서는 안식일을 지켜야 하는 또 다른 이유로 '출애굽 사건'을 연결시킵니다. 즉, 애굽의 종이 되어 있던 이스라엘 백성들을 하나님께서 편 팔과 강한 손으로 인도하셨습니다. 따라서 이스라엘 백성들은 그날을 기억하면시 쉴 뿐만 아니라 자신에게 속한 종들과 가축들도 쉬도록 허락해야 했습니다. 다시 말해서, 이스라엘 백성들이 애굽에서 종노릇하던 시절, 간절히 쉬기를 원했던 것을 기억하며 자신들도 쉬고, 종들과 가축들도 쉬게 하라는 의미입니다. 여기서, 안식일을 지키라는 계명에는 사회정의를 실현하라는 내용이 포함되어 있습니다. 하나님의 도우심으로 애굽의 강제 노역에서 해방된 이스라엘 백성은 그 '자유와 해방의 기쁨'을 모든 사람들, 특히 자신에게 예속된 약자들에게도 베풀어야 했습니다. 즉, 안식일에는 약자들의 자유와 해방이라는 사회정의 실현의 정신이 담겨 있습니다.

결론적으로 성경은 안식일에 쉬는 이유를 두 가지로 설명합니다. 출애굽기에서는 '창조 사건'에 근거하고, 신명기에서는 '출애굽 사건'에 기초하여 안식을 명령하고 있습니다. 그러므로 안식일은 '창조와 해방'(구원)을 기억하고 기념하는 날입니다. 하나님의 쉼에 참여하고, 나와 관계된 모든 피조물들이 모든 억압에서 자유와 해방을 만끽하는 날입니다.

구약의 안식일과 신약의 주일

구약에서 말하는 안식일과 현재 기독교에서 지키고 있는 주일은 어떤 관계가 있을까요? 구약에서 말하는 안식일은 오늘날의 토요일입니다. 그래서 유대인의 안식일은 토요일입니다. 현재 그리스도인들이 지키는 안식일은 '안식 후 첫날', 곧 일요일입니다. 일요일은 예수님께서 십자가에 못 박히신 후 부활하신 날입니다. 예수님이 부활하신 이후부터 예수님을 따르던 사람들은 자연스럽게 주님이 부활하신 날을 기억하고 기념하기 위하여 일요일에 모이기 시작한 것입니다. 따라서 예수님의 부활을 기념하는 일요일이 주님의 날이 된 것입니다.

그후, 주후 321년에 콘스탄티누스 황제가 일요일을 정식 공휴일로 선포했습니다. 그때부터 안식일은 토요일에서 일요일로 바뀌게 되었습니다. 그리스도인들은 '주님의 날'을 줄여서 '주일'(主日)이라고 합니다. 그리고 안식일 계명의 준수를 '주일 성수'라고 말하고 있습니다. 그러므로 오늘날 기독교에서 말하는 주일의 개념은 구약 안식일의 의미에 부활하신 예수님을 경배하고 찬양한다는 의미가 더해져 주님의 날로 확장된 것입니다.

구별하여 떼어 놓고 주님을 예배하는 날

제 4계명은 십계명 중에서 가장 긴 계명인 동시에 중심부에 위치한 중요한 계명입니다. 제 4계명은 하나님과의 관계를 다루고 있는 1, 2, 3계명(신학적 계명)과 인간과의 관계를 다루고 있는 5, 6, 7, 8, 9, 10계명(윤리적 계명)을 연결해 주는 고리 역할을 하고 있습니다. 또한 십계명 중에서 세 절로 구성된 제 2계명을 제외한 다른 계명들은 모두 한 절로 이루어져 있는 반면에, 안식일 계명은 네 절로 비교적 자세히 설명되어 있습니다.

제 4계명의 내용은 "안식일을 기억하여 거룩하게 지키라"입니다. 이 말을 문법적으로 살펴보면 "안식일을 거룩하게 하는 것을 잊지 말라", 또는 "안식일을 거룩하게 함으로 안식일을 기억하라"를 의미합니다. 즉 안식일을 보통 날과 같이 여기지 말고, 거룩하게 지키라고 하는 것입니다. 여기서 '거룩하다'라는 말은 히브리어로 '카도쉬'이며 이것은 '따로 떼어 놓다'라는 의미입니다. 즉 '거룩하게 하다'는 '따로 떼어 놓다' 혹은 '구별하다'라는 뜻입니다. 그러므로 안식일은 하나님께서 특별히 구별하여 따로 떼어 놓으신 날이라고 할 수 있습니다.

그러기에 이날은 인간의 날이 아니라 하나님께 속한 날이며, 구별하여 지켜야 하는 날입니다. 주일은 보통 날과 다르게 살아야 합니다. 주일(안식일)은 하나님의 날이기 때문입니다.

생명의 떡을 먹는 날

쉬고 난 후 일하는 것, 혹은 일한 후 쉬는 것, 어느 쪽이 더 성경적일까요? 창세기 2장에서는 인간이 창조된 이후 처음 맞이한 날이 바로 안식일이라고 기록하고 있습니다. 인간은 6일째 창조되자마자 다음날인 7일째 안식했습니다. 즉, 일한 후 쉬는 것이 아니라 쉬고 나서 일했다는 사실을 알려주는 구절입니다. 이것이 창조질서이며 창조적 안식입니다.

우리말로 '휴양'이나 '쉼'을 영어로 레크리에이션(recreation)이라고 하는데, 이것은 '재'(re)'창조'(creation)를 의미합니다. 그러므로 휴식은 그냥 단순히 쉬는 것이 아닙니다. 보다 발전적이고 창조적인 일을 하기 위해서 준비하는 과정입니다. 인간의 육체는 7일을 주기로 돌아가는 시계와도 같습니다. 태엽을 감아 주는 7일째 되는 날이 바로 주일인 것입니다. 인간의 삶은 이렇게 태엽을 감아 주는 주일이 필요합니다. "열심히 일한 당신 떠나라"고요? 아닙니다. 일단 쉬고 열심히 일하는 것이 성경적입니다.

사람은 '육신의 떡'으로만 살 수 없습니다. '생명의 떡'을 먹는 날이 필요합니다. 땅 아래를 바라보던 눈을 들어 영원한 세계, 초월적인 영역인 하나님의 나라를 바라보는 날이 바로 주일인 것입니다. 그런데 여기서 중요한 것은 주일 자체가 아닙니다. 하나님과의 관계를 올바르게 보존하고 유지하는 것이 중요합니다.

주일이란 그저 잠시 쉬는 것이 아니라 시간을 온전히 내는 것입니다. 이는 시간이 우리 것이라고 착각하고 사는 세상을 향한 중대한 도전입니다. 그러기에 우리는 하나님께 '물질의 십일조'를 드리듯 '시간의 십일조'도 드려야 합니다. 정확하게 표현하자면 시간의 7일조 즉 시간의 1/7을 드려야 합니다. 유대인 신학자 아브라함 헤셸(A. J. Heschel)은 안식을 '시간의 지성소'를 만드는 것이라고 말합니다. 우리는 주일 예배를 통하여 하나님께 '시간의 지성소'를 짓습니다. 이 성소에서 우리는 하나님을 만나고 하나님께 용서받고, 하나님의 은혜를 받습니다.

『가톨릭교회의 교리문답』(1994)에는 주일성수에 관해 다음과 같이 기록하고 있습니다.

> 주일 성체성사(Sunday Eucharist)는 모든 그리스도인이 행하는 일의 기초이자 확증이다. 때문에 신자들은 미사에 의무적으로 참석해야 하는 성일이며, 본당 신부가 인정하는 피치 못할 사유(예컨대, 몸이 아프거나, 아이를 돌보아야 하는 경우)를 제외하고는 반드시 성체성사에

참여해야 한다. 이 성체성사 의무를 게을리하는 자는 중죄를 범하는 것이다(527쪽).

안식일이 유대인들을 구별해 주며, 유대인으로서 서로의 결속을 다지게 하는 특별한 날이듯, 주일 역시 그리스도인 됨을 드러내는 뚜렷한 표지입니다.

하던 일의 중지

주일(안식일)에 쉬는 것은 하나님께서 우리에게 허락하신 창조질서를 따르는 일입니다. 이날은 모든 피조물들이 고된 일로부터 구원받는 날입니다. 이러한 주일 계명은 인간 본성에 반하는 진리입니다. 왜냐하면 인간은 쉬지 않고 계속 일해야만 자신의 삶이 보장된다고 생각하기 때문입니다. 그러나 주일 계명은 이러한 자연적인 인간의 성향이 잘못되었음을 보여 줍니다. '안식하다'라는 말은 히브리말로 '샤바트'입니다. 이 말은 단순한 '쉼'이 아닌 '하던 일의 중지'라는 뜻을 갖고 있습니다. 즉, 인간이 하고 있는 일을 잠시 멈추게 함으로써 일의 노예가 되지 않도록 구원한 날입니다. 동시에 모든 일의 결과는 하나님의 주권에 달려 있음을 보여 주는 날이기도 합니다.

인간의 생존에 필요한 것들이 모두 일로 충족되는 것은 아닙니다. 성경은 인간이 2만큼의 일을 했을 때 늘 2만큼의 결과가 나오고, 4만큼의 일을 했을 때 늘 4만큼의 결과가 나오는 것은 아니라고 말합니다. 때로는 인간이 2만큼의 일을 했는데 4만큼의 결과가 나오기도 하고, 또 때로는 1만큼의 결과가 나오기도 합니다. 왜냐하면 일은 인간이 하지만 그 결과는 하나님께서 주관하시기 때문입니다.

> 마음의 경영은 사람에게 있어도
> 말의 응답은 여호와께로부터 나오느니라(잠 16:1).

> 사람이 마음으로 자기의 길을 계획할지라도
> 그의 걸음을 인도하시는 이는 여호와시니라(잠 16:9).

그러기에 하나님을 모르는 사람들은 '플러스 알파'라는 인생의 신비에 무지합니다. '나는 내가 노력한 것만 얻으며 살겠다'라고 생각하는 사람은 철저히 무신론적인 사람입니다. 인간의 삶 속에서는 일의 결과가 자신의 노력과 무관할 때가 많습니다. 이는 인간에게는 수수께끼 같은 신비의 영역입니다. 하지만 이 신비의 해답은 시편 127편 1-2절에서 찾을 수 있습니다.

여호와께서 집을 세우지 아니하시면
세우는 자의 수고가 헛되며
여호와께서 성을 지키지 아니하시면
파수꾼의 깨어 있음이 헛되도다
너희가 일찍이 일어나고 늦게 누우며
수고의 떡을 먹음이 헛되도다
그러므로 여호와께서 그의 사랑하시는 자에게는 잠을 주시는도다.

이 말씀의 마지막 구절은 "여호와께서 사랑하시는 사람에게는 자는 동안에도 복을 내리신다"는 의미입니다. 인간이 아무리 애쓴다고 일의 결과를 좌지우지할 수는 없습니다. 모든 것은 하나님이 하시는 일입니다. 그러기에 주일에 쉬지 않고 일한다고 해서 그만큼 소득이 많이 불어나는 것은 아닙니다.

눈에 보이는 물질과 탐심에 따라 쉼 없이 살아가는 것은 하나님의 뜻이 아닙니다. 오히려 하나님을 따라 정기적으로 쉬는 사람에게, 하나님의 플러스 알파가 임한다는 진리를 깨달아야 합니다. 우리의 인생은 늘 내가 노력한 만큼의 대가를 얻을 수 없습니다. 때로는 그보다 '더' 얻을 수도, '덜' 얻을 수도 있습니다. 이것을 플러스 알파, 마이너스 알파라고 합니다. 이러한 플러스 마이너스 알파는 하나님께서 주관하고 계십니다. 하나님의 계명들을 지키기 위해서 나의 것들을 비우며 내려놓으면,

때로는 하나님께서 나의 비움을 받으시고 하나님의 풍성한 것들로 채우십니다. 엿새 동안 내가 맡은 일을 히되 일곱째 되는 날에 하루 쉬는 것은 우리 삶에 하나님이 은혜를 부어 주실 공간을 만드는 것입니다.

주일은 인간이 스스로 자존(自存)하려는 유혹에서 벗어나 영원한 피조물로 창조주 앞에 겸손하게 서는 날입니다. 우리는 우리 자신의 능력과 노력으로만 살 수 없습니다. 인간이 제각각 열심히 노력하고 산다 하더라도, 일의 결과를 하나님께 맡기고 겸손하게 주님 앞에 서야 하는 영원한 피조물일 뿐입니다. 창조주 앞에 자신을 겸손하게 세우는 것! 이것이 바로 안식하는 날에 해야 할 일입니다. 따라서 주일은 하던 일을 중지하고 노는 날입니다. 주일은 놉니다, 주님과 함께.

약자들을 보살피는 날

우리가 또 하나 유념해야 할 사항이 있습니다. 나 혼자만 쉬는 것이 아니라 나의 동료, 내 집에서 일하는 사람들, 소나 말까지도 다같이 쉬어야 한다는 사실입니다. 주일(안식일)에는 남종이나 여종이나 소나 말이나 집에서 유하는 객이라도 모두 쉬어야 합니다.

너는 엿새 동안에 네 일을 하고 일곱째 날에는 쉬라 네 소와 나귀가 쉴 것이며 네 여종의 자식과 나그네가 숨을 돌리리라(출 23:12).

모든 사람과 피조물은 하나님 앞에서 동일하게 쉬어야 합니다. 하나님 앞에서 안식하는 데는 예외가 없습니다. 왜냐하면 안식일 계명을 준수해야 하는 대상에는 사람이나 종, 동물뿐만 아니라 땅도 포함되기 때문입니다. 땅도 6년 경작하고 7년째는 쉬게 하라고 하셨습니다.

일곱째 해에는 그 땅이 쉬어 안식하게 할지니 여호와께 대한 안식이라 너는 그 밭에 파종하거나 포도원을 가꾸지 말며 네가 거둔 후에 자라난 것을 거두지 말고 가꾸지 아니한 포도나무가 맺은 열매를 거두지 말라 이는 땅의 안식년임이니라(레 25:4-5).

이렇게 보면 하나님은 모든 만물에게 휴식을 허락하신 것입니다. 그러므로 하나님이 창조하신 모든 피조물은 모두 일정하게 휴식할 권리가 있습니다. 또한 신명기 5장 14절에는 "일곱째 날은 네 하나님 여호와의 안식일인즉 너나 네 아들이나 네 딸이나 네 남종이나 네 여종이나 네 소나 네 나귀나 네 모든 가축이나 네 문 안에 유하는 객이라도 아무 일도 하지 못하게 하고 네 남종이나 네 여종에게 너 같이 안식하게 할지니라"

고 명령하고 계십니다. 여기서 강조되는 부분은 바로 '너같이'입니다. 모든 사람이 동일하게 쉼을 누리도록 해야 한다는 것입니다.

하나님이 원하시는 방식대로 안식일을 지키기란, 사회정의가 실현되지 않고서는 불가능합니다. 안식일 계명은 우리가 하던 일을 중지하고, 하나님께 예배를 드릴 뿐만 아니라 우리 사회에 존재하는 불평등, 사회적 불의에도 관심을 가져야 함을 일깨우고 있습니다. 가난한 사람들에 대한 구제와 관심이 안식의 날에 실행해야 할 중요한 책무 중 하나라는 것입니다. 그러므로 병원을 찾거나, 교도소, 노약자 시설을 찾는 것, 또는 정말 슬픔을 함께 나눌 사람이 필요한 이들을 찾아가는 것은 하나님이 주신 안식의 날에 해야 할 중요한 일입니다.[5] 하나님이 원하시는 모든 이가 평등하게 휴식을 누릴 수 있도록 하기 때문입니다.

이스라엘 백성이 광야에서 안식일을 학습할 때, 하나님께서 안식일을 범한 사람을 죽이라고 명령한 의도를 잘 기억하기 바랍니다. 주일을 지키지 않는, 혹은 지키지 못하는 삶은 죽은 삶과도 같습니다. 주일은 자신이 하던 일을 중지하고, 하나님 앞에 나와서 하나님께 예배하며, 하나님이 늘 함께하시는 약자들을 찾아가서 하나님과 함께 노는 날입니다.

제 5계명

부모 십일조

● 출 20:12

● 출 20:12
네 부모를 공경하라 그리하면 네 하나님 여호와가 네게 준 땅에서 네 생명이 길리라

하나님 섬김, 이웃 섬김의 통로

제 5계명은 하나님과 인간의 관계를 제시하는 신학적 계명인 제 1-4계명과 인간 상호간의 관계를 규명하는 윤리적 계명인 제 5-10계명을 이어 주고 있습니다. 제 5계명인 부모 섬김은 제 1-4계명의 하나님 섬김과 제 6-10계명의 이웃 섬김을 이어 주는 다리 역할을 하는 것입니다. 그러므로 하나님 섬김은 부모 섬김을 통해서 이웃 섬김에 이르고, 이웃 섬김은 부모 섬김을 통해서 하나님 섬김에 이릅니다. 반면 부모 섬김이라는 다리가 끊어지면, 하나님 섬김과 이웃 섬김이 서로 단절됩니다. 기독교 신앙에 있어 하나님 섬김과 이웃 섬김은 반드시 균형을 이루어야 합니다.

> 누구든지 하나님을 사랑하노라 하고 그 형제를 미워하면 이는 거짓말하는 자니 보는 바 그 형제를 사랑하지 아니하는 자는 보지 못하는 바 하나님을 사랑할 수 없느니라(요일 4:20-21).

하나님 섬김과 이웃 섬김은 동전의 양면과 같습니다. 이 둘을 이어 주는 부모 섬김의 계명은 온전한 신앙으로 이끄는 중요한 통로가 됩니다. 사실 부모님을 제대로 공경하지 못하면 하나님을 공경하는 것도 불가능합니다. 또한 마찬가지로 부모님을 제대로 섬기지 못하면 이웃을 섬기는 것도 위선적인 행위에 불과합니다. 따라서 진실한 신앙인은 먼저 효자와 효녀이어야 합니다. 부모님께 인정받지 못한다면 하나님께도 인정받을 수 없기 때문입니다.

제아무리 사람의 방언과 천사의 말을 할지라도
부모님께 인정받지 못한다면,
소리 나는 구리와 울리는 꽹과리가 된다.

제아무리 예언하는 능이 있어 모든 비밀과 모든 지식을 알고
또 산을 옮길 만한 모든 믿음이 있을지라도
부모님께 인정받지 못한다면,
아무것도 아니요

제아무리 자기에게 있는 모든 것으로 구제하고
또 자기 몸을 불사르게 내어 줄지라도
부모님께 인정받지 못한다면,
자신에게 아무 유익이 없느니라 (고전 13:1-3 패러디).

부모 공경은 인간 최고의 윤리

십계명에서 윤리적 계명의 첫 번째가 부모 섬김의 계명이라는 사실에 주목해 봅시다. 이것은 부모를 공경하는 것이 인간의 윤리 가운데 가장 중요하다는 사실을 드러냅니다. 신명기 27장에는 이른바 '저주 십계명'이 나옵니다. 그런데 저주를 받을 행위 중 첫 번째로 언급되는 사항이 바로 부모를 향한 잘못된 행실입니다.

> 그의 부모를 경홀히 여기는 자는 저주를 받을 것이라 할 것이요 모든 백성은 아멘 할지니라(신 27:16).

미가 선지자는 인간이 당하게 될 최악의 심판은 자신의 집안 사람도 믿을 수 없는 상태라고 말하고 있습니다.

> 너희는 이웃을 믿지 말며
> 친구를 의지하지 말며
> 네 품에 누운 여인에게라도
> 네 입의 문을 지킬지어다
> 아들이 아버지를 멸시하며
> 딸이 어머니를 대적하며

며느리가 시어머니를 대적하리니

사람의 원수가 곧 자기의 집안 사람이리로다(미 7:5-6).

사실 가정 내의 신뢰 관계가 깨어지면 인생이 무슨 의미가 있겠습니까? 아들이 아비를 멸시하고, 딸이 어미를 대적하는 상황을 상상해 보십시오. 이 얼마나 비극적인 상황입니까?

인간이 맺는 신뢰 관계의 기초가 되는 것이 부모와 자식의 관계입니다. 인간 관계 속에서 최우선적으로 생각해야 할 것이 자신에게 생명을 주신 부모님과의 관계라는 것입니다. 부모님은 자식들에게 '생명의 창조자'가 됩니다. 이 세상의 어느 누구도 갑자기 하늘에서 뚝 떨어지거나 땅에서 솟아난 존재는 없습니다.

독일의 성경신학자 침멀리(W. Zimmerli)는 제 5계명을 "자신의 근본을 잊지 말라는 계명"이라고 해석하고 있습니다. 생명의 창조자인 하나님은 부모님을 통해 우리를 이 땅에 창조하셨습니다. 따라서 부모님은 하나님 창조 사역의 동역자입니다. "임금과 스승과 자신을 낳아 준 부모님은 같다"는 '군사부일체'(君師父一體)라는 말이 있듯이, 자식에게는 부모님과 하나님이 동격입니다. 즉, 신부모일체(神父母一體)입니다.

모든 생명의 궁극적 근원인 창조주 여호와 하나님이 가장 중요한 존재이기에 하나님만을 섬기라는 계명이 신학적 계명 가운데 첫 번째 위치한 것처럼(제1계명), 인간 관계에서는 인간 생명의 창조자인 부모님이 가장 중요하기 때문에 부모님을 공경하라는 계명이 윤리적 계명 가운데 첫 번째에 놓인 것입니다(제5계명). 따라서 인간 관계의 최고 윤리는 부모 공경이라 할 수 있습니다.

부모는 자식에게 영원한 약자이다

"네 부모를 공경하라"에서 '공경하다'는 히브리어로 '카베드'입니다. 한자말로 공경(恭敬)은 '공손한 섬김'을 뜻합니다. 히브리어 '카베드'는 사전적으로는 "누구에게 무게를 두다, 누구를 중요한 분으로 대하다"라는 뜻입니다. 즉 부모를 공경하라는 것은 '부모님을 가볍게 여기지 말고 무겁게 대하라', '부모님을 중요한 분으로 대하라'는 의미입니다.

그런데 고대 근동에서 히브리어 '카베드'는 부모님을 중요하게 여길 뿐만 아니라, 보다 구체적으로 자신의 부모님을 '지속적으로 봉양'하는 것을 의미합니다. 즉 노인이 된 부모에게 "매년 입을 옷과 먹을 음식을 제공하되 돌아가실 때까지 계속하며, 그후엔 예를 갖추어 장례까지 지내는 것"을 의미합니다. 따라서 '카베드'는 정신적인 공경뿐만 아니라 물질적 봉양까지 포함합니다.

그러면 하나님은 왜 부모님을 마음과 물질로 섬기라고 명령하시는 것일까요? 노인이 된 부모는 사회적 약자이기 때문입니다. 에스겔서 22장에서 에스겔은 피의 도성이 되어 버린 예루살렘의 죄악을 지적하며 다음과 같이 책망합니다.

> 그들이 네 가운데에서 부모를 업신여겼으며
> 네 가운데에서 나그네를 학대하였으며
> 네 가운데에서 고아와 과부를 해하였도다 (겔 22:7).

여기서 부모는 나그네와 고아, 과부처럼 취급됩니다. 고대 이스라엘 당시 나그네와 고아, 과부는 누군가의 도움이 없이는 생존이 어려운 사회적 약자에 속했습니다. 이들은 고대 이스라엘의 3대 빈민층을 대표합니다. 그래서 하나님은 기회 있을 때마다 나그네와 고아와 과부를 돌보라고 권고하시는 것입니다.

> 너희 중에 분깃이나 기업이 없는 레위인과 네 성중에 거류하는 객과 및 고아와 과부들이 와서 먹고 배부르게 하라 그리하면 네 하나님 여호와께서 네 손으로 하는 범사에 네게 복을 주시리라.
> (신 14:29; 참조, 신 16:11, 14; 26:12-13 등)

에스겔은 이 본문에서 부모를 사회적 약자에 포함시키고 있습니다. 노인이 된 부모는 경제적 능력을 상실했기 때문입니다. 고대 사회에서 노인들은 대부분 노후를 자식에게 의존할 수밖에 없었습니다. 따라서 부모 공경이란 자식들이 경제력을 상실한 노부모를 마음으로 존경하고 물질적으로 돌보는 것으로 나타나야 합니다. 그러므로 잠언의 지혜자는 다음과 같이 권고합니다.

너를 낳은 아비에게 청종하고
네 늙은 어미를 경히 여기지 말지니라(잠 23:22).

아비를 조롱하며
어미 순종하기를 싫어하는 자의 눈은
골짜기의 까마귀에게 쪼이고 독수리 새끼에게 먹히리라(잠 30:17).

노인이 되어 이미 경제력을 상실한 부모는 사회적으로도 약자이지만 경제력이 있다 하더라도 자식 앞에서는 약자일 수밖에 없습니다. 자식 이기는 부모는 없기 때문입니다. 자식을 이기는 부모는 사실 부모도 아닙니다. 부모가 자식을 더 사랑할까요, 아니면 자식이 부모를 더 사랑할까요? 더 많이 사랑하는 사람이 지게 되어 있습니다. 그런 면에서 부모님은 자식들에게 언제나 영원한 약자라 할 수 있습니다.

제 부모님은 어렵게 사셔서 자식들에게 한 푼의 재산도 물려 줄 수 없었습니다. 때로는 그 사실이 아쉽기도 했고, 한편으로 아내에게 미안하기도 했습니다. 그러나 부모님께 물려받은 것 이 없다면 더욱 부모님을 공경해야 합니다. 부모님들은 누구나 자식에게 더 못해 준 것을 아파하며 죄인처럼 살아 가기 때문 입니다. 물려주고도 더 못 해준 것을 가슴 아파하는 것이 부모 님의 마음인데, 하물며 하나도 못 해주었다면 그 마음이 오죽 하겠습니까? 늘 강해 보이시던 부모님이 어느 날 갑자기 약해 보이시면, 그때가 드디어 자식이 철 드는 시점입니다.

사형에 해당하는 죄

이미 언급했듯이 제 5계명을 실행해야 할 사람은 부모님의 권위와 통제 아래 놓여 있는 어린 자녀가 아닙니다. 이 계명의 대상은 더 이상 부모의 통제를 받지 않을 뿐만 아니 라, 어쩌면 모든 면에서 부모들을 능가하는 성년이 된 자녀들 입니다. 성인이 된 자녀들에게 하찮은 존재나 짐스러운 존재로 여겨지기 쉬운 노부모들을 염두에 둔 계명입니다. 노인이 된 부모는 장성한 자녀들을 통제할 수 없습니다. 그분들은 자식들 보다 더 약하고 가난한 가족 구성원으로 전락한 연로한 노인들입니다. 따라서 사회적 약자로 전락한 부모는 가족의 울타리를 벗어나면 생존 자체가 위협을 받았습니다. 고대 이스라엘 사회에서 가정 외에는 이들을 위한 그 어떤 노후 대책도 마련되어 있지 않았기 때문입니다.

그런데 안타깝게도 구약성경에는 노부모에 대한 부정적인 행동들이 매우 자세하게 열거되고 있습니다. 부모를 구타하고(출 21:15), 저주하고(출 21:17), 멸시하고(겔 22:7), 조롱하고(잠 30:17), 착취하고(잠 28:24), 억압하고(잠 19:26) 그리고 심지어 쫓아내기까지 하는 행위(잠 19:26) 등이 폭로됩니다. 이렇듯 이미 사회적 약자로 내몰린 노부모의 생명은 이제 장성한 자녀의 손에 달려 있습니다. 그러므로 자녀들이 자신의 부모님을 향하여 공경의 의무를 등한히 하거나 무시하면, 이는 자신의 생명의 근원을 죽음으로 내모는 죄가 됩니다. 그렇기 때문에 십계명을 비롯한 구약의 모든 법전들은 부모님을 적절하게 돌보지 않는 행위를 사형에 해당하는 죄로 규정하고 있는 것입니다.

> 자기 아버지나 어머니를 치는[나카] 자는 반드시 죽일지니라.
> (출 21:15)

여기서 부모를 '치다'[나카]라는 동사는 '때린 결과 죽음에 이르지는 않는 경우'에 사용됩니다. 이 구절을 출애굽기 21장 12

절의 "사람을 쳐[나카]죽인[무트] 자는 반드시 죽일 것이냐"라는 구절과 비교해 보면 흥미로운 결과를 얻게 됩니다. 두 구절은 동일한 동사를 사용하고 있습니다. 12절에서는 사람을 '쳐서'[나카] 상대가 '죽음에 이르게 된'[무트] 경우에만 사형이 언도됩니다. 이에 반해 15절에서는 부모를 '치기'[나카]만 해도 사형 죄로 다스립니다.

더 나아가 구약성경에서는 자신의 연로한 부모를 하찮게 여기기만 해도 사형으로 다스렸습니다. 부모를 향한 죄는 가벼운 행위라 할지라도 무거운 형벌을 적용하는 것입니다. 자신의 부모를 하찮게 그리고 가볍게 여기는 자에 대한 무서운 경고를 우리는 성결법전(레 17-26장)의 한 구절에서 만날 수 있습니다.

> 만일 누구든지 자기의 아버지나 어머니를 저주하는[카랄] 자는 반드시 죽일지니 그가 자기의 아버지나 어머니를 저주하였은[카랄] 즉 그의 피가 자기에게로 돌아가리라(레 20:9).

이 본문을 통해, 우리는 부모를 존경하고 부모에게 순종하는 것이 고대 이스라엘에서는 한 인간의 사활이 걸린 중요한 일이었음을 알 수 있습니다. 자식이 부모와의 관계를 깨뜨리는 것은 부모와 자식을 묶어 주는 '생명의 끈'을 끊는 것입니다. 사형이 엄한 벌이기는 하지만, 부모 공경을 어기는 죄는 사실상 생명을 주는 이와 받는 이 사이에 자연히 형성되어야 할 조화를 깨뜨리는 중죄이기 때문에 엄벌에 처하는 것이 마땅한 것입니다.

생명의 약속이 있는 첫 계명

하나님과의 관계를 다루는 계명들 가운데 오직 제 2계명에서만 "나를 사랑하고 내 계명을 지키는 자에게는 천 대까지 은혜를 베푸느니라"(출 20:6)는 약속이 언급되었습니다. 주목할 점은 인간과의 관계를 다루는 계명들 가운데서도 오직 제 5계명만이 유일하게 약속이 붙어 있다는 사실입니다.

> 네 부모를 공경하라 그리하면 네 하나님 여호와가 네게 준 땅에서 네 생명이 길리라(출 20:12).

그런데 제 2계명의 약속이 매우 일반적인 내용을 보여 주고 있는 데 반하여, 제 5계명의 약속은 보다 구체적입니다. 이런 점에 대해 사도 바울도 한마디 언급하고 있습니다.

> 네 아버지와 어머니를 공경하라 이것은 약속이 있는 첫 계명이니

이로써 네가 잘되고 땅에서 장수하리라(엡 6:2-3).

"네 생명이 길리라"는 약속은 '수명의 길이'를 보장할 뿐 아니라 '이 세상에서 행복한 삶을 누린다'는 의미도 포함되어 있습니다. 그러므로 부모님을 잘 섬기는 사람의 인생은 반드시 책임지시겠다는 하나님의 약속이 제 5계명에 담겨 있는 것입니다.

속죄의 은혜

그런데 우리는 여기서 이 계명이 안식일 계명(제4계명)과 밀접히 연관되어 있다는 것을 알아야 합니다. 연로한 부모가 안식에 들어간 나이, 곧 더 이상 생산적인 활동을 하지 못할 때에도 그들이 젊었을 때와 마찬가지로 존경하라는 것입니다. 노인들은 인생의 안식년을 맞이하고 있는 분들입니다. 일주일에 6일은 일하고 제 7일에는 모든 일을 중단하고 휴식하는 것처럼 노년의 시기는 인생의 안식년이라 할 수 있습니다. 누구나 맞이하게 될 인생의 안식년은 그 사람의 생명의 분깃인 자녀들이 책임져야 할 몫입니다.

구약과 신약의 중간기에 나온 한 후대의 해석에 따르면, 생활력을 상실한 노부모를 끝까지 돌보면 죄를 용서받기도 했습니다.

아비를 공경하는 것은 자기 죄를 벗는 것이며.

(집회서 3:3, 공동번역 개정)

너는 네 아비가 늙었을 때 잘 보살피고

그가 살아 있는 동안 슬프게 하지 말아라

그가 설혹 노망을 부리더라도 잘 참아 받고

네가 젊고 힘 있다고 해서 그를 업신여기지 말아라

아비를 잘 섬긴 공은 잊혀지지 않으리니

네 죄는 용서받고 새 삶을 이룰 것이다

네가 역경에 처했을 때

주님은 너의 효도를 기억하시겠고

네 죄는 얼음이 햇볕에 녹듯이 스러질 것이다.

(집회서 3:12-15, 공동번역 개정)

비록 개신교의 정경에서는 제외된 부분이지만, 외경에서 주장하는 내용도 때로는 주목할 필요가 있습니다. 종교개혁자 마르틴 루터가 등장하기 이전까지 외경은 기독교의 정경과 동등한 권위를 가지고 있었기 때문입니다. 그래서 루터도 개신교에서는 외경이 정경만큼의 권위는 없지만, 기독교 신앙에 분명히 도움을 주는 부분이 있음을 인정하고, 반드시 일독을 하라고 권하고 있습니다. 우리는 전통적인 기독교 신앙에 벗어나지 않는 한도 내에서 외경의 가르침에도 귀를 기울여야 합니다. 따라서 구약 후대의 신앙인들이 나이가 든 부모에게 끝까지 효도하는 것이 자신의 죄를 씻을 수 있을 정도로 중요한 행위라고 강조한 것을 의미심장하게 받아들여야 할 것입니다.

부모 공경에 대한 외경의 이 구절들은 상당히 독특한 의미를 가지고 있습니다. 분명 우리는 예수님의 보혈의 공로로만 죄를 용서받을 수 있습니다. 그러나 이와 더불어 외경인 '집회서'에서는 오직 부모님께 효행을 다한 경우에 한하여, 하나님께서 잊지 않으시고 그들의 죄를 속해 줄 여지를 남겨 주신다는 것입니다. 따라서 부모님을 잘 섬기는 것은 속죄하는 행위이기도 합니다. 따라서 부모님을 잘 섬기는 사람은 죄를 용서받을 뿐만 아니라 이 땅의 삶도 보장받는 엄청난 복을 받게 됩니다. 그러므로 제 5계명은 부모님만을 위한 것이 아니라 자녀를 위한 계명이기도 합니다.

부모 십일조

결론적으로 우리는 이 계명에서 두 가지 의미를 배울 수 있습니다.

첫째, '카베드' 동사가 마음의 존경과 물질적 돌봄이라는 양면을 모두 포괄하고 있다는 것입니다. 즉, 이 계명은 부모를 단순히 '부양'하는 차원이 아니라 더욱 포괄적이고 원칙적으로 '부모를 존귀하게 여기고, 그들의 위엄을 인정하고 존경하는 것'을 말합니다. 부모를 섬길 때 가장 중요한 것은 마음으로 존중하는 태도입니다. 더 나아가 이 계명은 마음으로 존중하는 상태에만 머물러서는 안 된다는 점을 지적하고 있습니다.

둘째, '카베드' 동사는 본래 하나님(삼상 2:30; 잠 3:9; 사 24:15), 부모(출 20:12; 신 5:16) 그리고 주인(말 1:6)과 관련하여 주로 쓰입니다. 특히 이 동사를 히브리어 용어 색인으로 일일이 확인해 본 결과 명령형으로는 하나님(잠 3:9; 사 24:15)과 부모(출 20:12; 신 5:16)에만 국한하여 사용됩니다. 또한 레위기 19장 3절에서 하나님에게만 적용되던 '경외하라'는 말이 부모를 향한 태도에도 적용되고 있습니다. 더 나아가 말라기 1장 6절에서는 하나님 공경과 부모 공경이 동일시되고 있습니다. 즉, 구약성경은 하나님 섬김과 부모 섬김을 동일하게 간주하고 있음을 알 수 있습니다.

주님을 경외하는 이는 아버지를 공경하고
자신을 낳아 준 이들을 주님처럼 섬긴다(집회서 3:7).

우리는 소가 병이 나면 수의사를 찾아가고, 개가 아프면 동물병원을 찾아가지만, 부모님이 병 나면 "늙어서 그런 걸 어쩔 수 있나?"라고 묵살하는 현실에 살고 있습니다. 자식 학원비는 아끼지 않으면서도 부모님께 드리는 용돈에는 인색합니다. 장성한 자식들이 홀아버지나 홀어머니를 모시기를 꺼려해서 집을 나오는 노인들이 많아지고 있습니다. 그럼에도 길가에 나앉은 노인들은 하나같이 자식들의 신상 명세를 밝히기를 꺼려한다고 합니다. 혹시 자식들의 삶에 누가 될까 봐 그러는 것입니다. 자식에게 버림을 받았지만 노인들은 그래도 자식만 걱정합니다. "젠들 그렇게 하고 싶어서 그런가요, 지 마누라와 지 새끼 거느리고 먹고 사는 것이 힘들어서 그런 게지요. 저는 다 이해합니다." 이것이 부모님의 마음입니다.

성도들이 하나님께 공경과 감사의 표시로 '물질의 십일조'를 드리듯이, 자신의 부모님(친가와 처가의 부모)께도 '부모 십일조'를 드리는 것은 어떨까요? 이것이야말로 제 5계명을 제대로 실천하는 것이 아닐까요? 오늘 당장 부모님께 십일조를 자동이체해 보길 권합니다.

제 6계명

기죽이는 것도 살인이다

● 출 20:13

● 출 20:13

　　살인하지 말라

공동체의 질서와 평화를 위해

오늘의 말씀인 제 6계명은 아주 짧습니다. "살인하지 말라." 구약성경에 나오는 '살인하다'라는 뜻을 가진 히브리어 동사는 주로 3가지입니다. 통상적으로 '하라그'라는 동사가 많이 사용되는데, 이 단어는 구약성경에서 무려 165회 사용됩니다. 이와 동의어로 쓰이는 '히미트'라는 동사도 있는데, 이 단어도 구약성경에서 201번이나 나옵니다. '하라그'와 '히미트'는 '전장에서의 적군 살해', '법에 따른 처벌' 혹은 '하나님의 심판에 따라 사람을 처형'하는 경우에 사용됩니다.

그런데 오늘 본문에서는 '살인하다'라는 동사로 '라차흐'라는 동사를 사용하고 있습니다. 이 단어는 구약성경에서 46번 등장하는 단어로, 앞에서 언급한 다른 두 단어와는 달리 3가지 경우에는 사용되지 않습니다. 첫째 '평화를 지키기 위한 전쟁에서 사람을 죽이는 일', 둘째 '사형선고를 내리는 경우'(출 21:12; 레 20장; 신 13장), 셋째 '인간이 생존을 위해 동물을 식용으로 취하는 경우'(창 9:3)에는 사용되지 않습니다. 그렇다면 제 6계명의 "살인하지 말라"는 의미는 "전쟁 중에 상대를 죽이지 말라"는 것은 아닙니다. 또한 "사형선고를 내리지 말라"는 것도 아닙니다. 그리고 "식용을 위해서 동물을 취하는 행위를 하지 말라"는 것도 아닙니다.

성경은 모든 종류의 죽음을 금하지는 않습니다. 어떤 의미에서 우리의 삶은 죽음 위에 세워져 있습니다. 어떤 것이 죽지 않으면 다른 것이 살아갈 수 없습니다. 타자의 죽음을 바탕으로 생명을 유지하는 것이 삶의 현실입니다. 초식동물은 식물의 죽음으로 생명을 보존합니다. 육식동물은 다른 동물의 죽음으로 생명을 유지합니다. 이런 의미에서 내 삶은 누군가의 죽음 위에 존재하고 있는 것입니다. 그렇기 때문에 성경은 모든 종류의 죽음을 금지하지는 않습니다. 단지 '불법적인 죽음', '불필요한 죽음'을 금지하는 것입니다.[6] 따라서 이 동사는 '공동체에 해가 되는 불법적인 살인'을 가리킵니다. 그리고 이 계명의 의도는 공동체의 평화와 질서를 지키기 위하여 이웃의 생명을 보호하는 데 있습니다.

모든 생명의 주인

그러나 더 나아가 이 계명은 "모든 생명은 하나님께 속한다"는 믿음에 기초합니다. 모든 생명은 하나님으로부터 온 것이기에, 생명의 주인은 바로 하나님이라는 것입니다. 이와 관련하여 창세기 9장 6절은 다음과 같이 말씀하고 있습니다.

다른 사람의 피를 흘리면 그 사람의 피도 흘릴 것이니
이는 하나님이 자기 형상대로 사람을 지으셨음이니라(창 9:6).

이 말씀은 보통 '눈에는 눈, 이에는 이'라는 의미로 오해할 수 있기 때문에 잘 이해해야 합니다. 이 말씀은 남의 피를 흘린 사람은, 자신도 피를 흘려야 한다는 의미가 아닙니다. 이 말씀의 정확한 의미는 '다른 사람의 피를 흘리는 사람은 자신도 피를 흘리게 될 가능성이 있다'는 말입니다. 인간의 생명 안에는 하나님의 생명이 들어 있기 때문에 다른 사람의 생명을 가볍게 여겨서는 안 된다는 의미입니다. 인간은 자신의 생명이건 타인의 생명이건 이를 좌지우지할 권리가 없습니다.

자살

특별히 삶이 힘들어질 때 사람이면 누구나 자신의 생명의 끈을 놓고 싶은 유혹과 충동을 느낍니다. 우리는 유명한 연예인들이 종종 자신의 생명을 버리는 안타까운 뉴스를 접하곤 합니다. 그러나 우리는 우리의 생명조차 우리의 것이 아니라는 사실을 명심해야 합니다. 생명은 하나님께서 개인에게 잠시 맡겨 주신 것입니다. 생명의 주권은 그 생명을 선물로 주신 그분께만 있습니다. 인간은 생명의 주권자가 아닙니다. 따라서 자신의 생명을 스스로 끊는다는 것은 분명한 죄입니다.

제가 아끼는 제자 중에 똑똑하고 예쁜 여학생이 있었습니다. 그런데 그 학생은 이성 교제에 몇 번 실패한 후, 삶의 모든 의미를 잃고 학업도, 사역도, 인생 자체도 포기하고 싶어 했습니다. 어느 날 밤 그 학생은 저에게 전화해서 성경에 '자살하지 말라', '자살하면 지옥 간다'는 말씀이 있는지 물으며, 자살하고 싶은 충동이 생긴다고 호소했습니다. 저는 그 학생에게 "자살하지 말라는 분명한 말씀은 성경에서 찾을 수 없으나, 생명은 인간의 소유물이 아니기에 인간에게 이를 좌우할 권한이 없다"고 말해 주었습니다. 자살이든 타살이든 살인죄는 죄악입니다. 감사하게도 그 학생은 지금 결혼해서 잘 살고 있습니다.

구약성경에는 자살한 사람이 다섯 명 정도 나옵니다. 사울 왕과 그의 부하(삼상 31장), 압살롬의 반란에 동조했던 아히도벨(삼하 17장), 이스라엘의 왕 시므리(왕상 16장), 마지막으로 삼손(삿 16장)입니다. 그런데 구약성경은 이 사건들에 대해 이렇다 할 평가를 내리지 않습니다. 아마 이스라엘에서 자살이 매우 드물었기 때문일 것입니다.

낙태

이 계명은 아직 태어나지 않은 태아에게도 적용됩니다. 어떤 사람들은 아직 태어나지 않은 아기는 인간이 아니라고 생각합니다. 그래서 태아를 지우는 것은 살인의 범주에 들지 않는다고 주장합니다. 태아는 모체의 일부에 불과하기 때문에 마치 몸에 종기가 났을 때 없애 버리듯 쉽게 없앨 수 있다고 생각하는 것입니다. 그러나 인간의 생명은 모태에 있을 때부터 이미 하나님께 소중한 존재입니다.

> 주께서 내 내장을 지으시며 나의 모태에서 나를 만드셨나이다
> 내가 주께 감사하옴은 나를 지으심이 심히 기묘하심이라
> 주께서 하시는 일이 기이함을 내 영혼이 잘 아나이다
> 내가 은밀한 데서 지음을 받고
> 땅의 깊은 곳에서 기이하게 지음을 받은 때에
> 나의 형체가 주의 앞에 숨겨지지 못하였나이다
> 내 형질이 이루어지기 전에 주의 눈이 보셨으며
> 나를 위하여 정한 날이 하루도 되기 전에 주의 책에 다 기록이 되었나이다(시 139:13-16).

그래서 교회(가톨릭과 개신교회)는 수정란을 완전한 개체 생명으로 인정합니다. 생명은 수태되는 순간부터 소중히 보호해야

합니다. 따라서 어떤 상황이나 이유를 막론하고 인간이 다른 인간의 생명에 직접 손을 댈 수는 없습니다. 모든 생명은 하나님의 뜻에 의해 생성되고, 하나님의 보호를 받고 있기 때문입니다. 부모의 실수로 태어난 아이는 있어도 하나님의 계획 밖에서 태어난 아이는 없습니다.

사형제도

우리는 우리의 생명이나 우리 자녀의 생명, 또는 다른 사람의 생명까지도 사람의 소유물이 아니라 하나님의 것임을 기억해야 합니다. 따라서 사람이 다른 사람의 생명을 빼앗는 것은 그 생명의 주인이신 하나님으로부터 생명을 도둑질하는 행위입니다. 동시에 우리의 생명을 주관하시는 하나님의 권한을 침해하는 행위이기도 합니다. 결국 생명은 인간이 범할 수 없는, 인간의 권한을 넘어선 치외법권입니다. 이런 의미에서 사형제도도 다시금 고려해 볼 수 있습니다.

우리나라도 한동안 사형제도의 존속과 폐지를 둘러싼 많은 논란이 있었습니다. 사형제도 찬성론자들은 사형제도가 극악한 범죄의 재발을 방지하고 사회 내부의 경각심을 일깨워 주는 역할을 하기 때문에 존속되어야 한다고 주장합니다. 성경적으로 볼 때도 사형제도에 관한 찬반론은 둘 다 근거가 없지 않습니다. 신학자들도 이 주제에 관해서는 찬반 양론으로 나뉘어 팽팽하게 대립하지만, 제 개인적인 견해로는 사형제도 자체는 재고의 여지가 있다고 봅니다. 아무리 극악한 범죄를 저지른 파렴치범이라 하더라도 그 생명을 취할 권한은 국가나 법, 혹은 어느 개인에게도 없기 때문입니다. 따라서 최악의 경우라 할지라도 사형제도 대신 감형 없는 종신형 등 사회로부터 완전히 격리시키는 방안은 어떨까 생각해 봅니다.

사람의 생명권이 최우선인 하나님 나라

마태복음 20장 1-16절에서는 하나님 나라에 대한 비유가 나옵니다. 이 말씀에서 포도원 주인은 아침에 일자리를 구하는 사람을 찾아 밖으로 나갑니다. 아마 당시 사회도 실업 문제가 심각했던 것 같습니다. 삼시가 되도록 일자리를 구하지 못한 사람들이 많았기 때문입니다. 여기서 삼시를 우리 시간으로 환산하려면 6시간을 더하면 됩니다. 그러니까 삼시는 오전 9시에 해당합니다. 따라서 포도원 주인은 새벽부터 일자리를 구하고자 원했던 사람들 가운데 오전 9시가 되어서도 일자리를 구하지 못한 사람들을 만났고, 주인은 그들에게 포도원에서 일하라고 허락한 것입니다.

그러나 육시(12시)에도 일자리를 구하지 못한 사람들이 많았습니다. 주인은 그들에게도 자신의 포도원에서 일하라고 했습니다. 또한 주인은 구시, 즉 오후 3시에도 일자리를 구하지 못한 사람들도 불러 왔습니다. 그리고 십일시, 즉 오후 5시가 되었습니다. 그런데 이때까지도 일자리를 구하지 못한 사람들이 있었습니다. 이들도 포도원에서 일할 수 있었습니다. 한 시간 후 노동 시간이 종료되었고, 포도원 주인은 제일 마지막으로 온 사람부터 일당을 주기 시작했습니다. 주인은 그들에게 한 데나리온씩 주었습니다. 이것은 그 당시 하루 노동의 대가에 해당하는 비용입니다. 즉, 이것 없이는 한 가족의 하루 생계가 불가능한 일용직 노동자의 최저 생계비인 것입니다.

당연히 오후 5시 이전부터 노동했던 사람들은 한 시간 일한 사람이 받은 한 데나리온을 보고 자신들은 더 많이 받을 것이라고 기대했습니다. 그런데 주인은 그들에게도 동일하게 한 데나리온을 지급했습니다. 아침부터 일을 한 사람들도 모두 한 데나리온을 받았습니다. 이 때문에 일꾼들은 화가 났습니다. 부당한 처사라고 생각했기 때문입니다. 그들은 "어떻게 한 시간 일한 사람과 하루 종일 일한 사람에게 동일한 임금을 지불할 수 있습니까?"라고 주인에게 따졌습니다. 그러나 포도원 주인은 "나는 하루 일한 대가로 한 데나리온을 약속했기에, 전혀 부당하지 않다"고 말합니다.

오늘날의 시각에서도 이러한 이야기는 이해하기 어렵습니다.

세상의 논리로는 이 상황이 납득이 되지 않습니다. 그러나 성경은 우리에게 세상의 논리와 다른 논리를 알려줍니다. 아침부터 일한 사람은 몸은 고단했을지 몰라도 마음은 편안했을 것입니다. 일자리를 일찍 구해서 하루 생계를 걱정하지 않아도 되었기 때문입니다. 그러나 오후 5시까지 일자리를 구하지 못했던 사람들은 하루 종일 자신과 가족의 생계를 걱정하며 마음 졸였을 것입니다. 이때 포도원 주인은 그들에게도 일자리와 하루치 일당을 제공하여 그들의 생계를 해결해 주었습니다. 포도원 주인은 한 사람과 그 가족의 생명을 위해서 한 데나리온을 허락했습니다.

여기서는 한 사람이 일한 양은 중요하지 않습니다. 오히려 일꾼들의 최저 생계비를 보장해 주는 것이 더 중요합니다. 왜냐하면 일보다 사람이 더 중요하기 때문입니다. '일의 효용성'보다는 '사람의 생명권'이 더 우선되는 사상, 이것이 바로 하나님 나라의 경제학입니다. 그리고 이것이 바로 예수님의 가르침입니다.

사람을 죽여야만 살인인가?

살인 금지 계명과 관련해 우리가 좀 더 생각해 보아야 할 영역들이 있습니다. 즉 인간 사회 안에서 사람의 생존을 위협하고 방해하는 모든 행동이 살인행위라는 것입니다. 우리 주변의 농어민들, 산재 노동자들, 외국인 근로자들, 도시 빈민들과 같은 약자에게서 생계수단을 빼앗는 것, 그리고 그로 인해 살아갈 희망을 잃게 하는 것 또한 간접 살인에 해당된다는 것입니다. 한 걸음 더 나아가 주변의 환경과 생태계를 파손하는 것도, 결국 이 모든 악영향이 자연 환경은 물론 인간에게 되돌아오는 것이기에 살인 행위에 속합니다. 사실 환경과 생태계는 우리의 것이 아닙니다. 우리 후손들이 사용할 환경을 잠시 빌려 사용하고 있는 것입니다. 따라서 오늘의 환경과 생태계를 개발이라는 명목으로, 경제적인 이유로, 일자리를 창출한다는 이유로 파헤치고 파괴하는 것은 우리 후손들의 생명을 위협하는 것이 됩니다.

총칼로 다른 사람의 목숨을 해치는 것도 분명한 살인이지만, 돈, 지위, 권세로 타인을 괴롭히는 것 또한 살인행위와 다를 바가 없습니다. 외경인 집회서 34장 21절 이하에는 다음과 같이 기록되어 있습니다.

> 가난한 사람에게는 빵 한 조각이 생명이며,
> 이를 빼앗는 것이 살인이다
> 이웃의 살 길을 막는 것은 그를 죽이는 것이며
> 일꾼에게서 품삯을 빼앗는 것은 그의 피를 빨아먹는 것이다.

특별히 약자의 생명을 보호하지 않는 것 역시 살인입니다. 독일의 종교개혁자 마르틴 루터는 제 6계명을 다음과 같이 해석합니다.

> 어떤 사람이 실제로 악한 일을 한 경우뿐 아니라 이웃에게 선행을 베풀지 못하거나 기회가 있음에도 불구하고 이웃이 육체적 피해나 상해를 입지 않도록 지키고 보호하고 예방하지 못할 경우, 그는 이 계명("살인하지 말지니라")을 어긴 것입니다.

따라서 우리는 자신의 손에 피를 묻히지 않았다고 해서 살인하지 말라는 계명을 준수한 것은 아니라는 것을 기억해야 합니다. 성경은 생명을 위협하는 모든 행위를 살인하는 것과 다름없다고 말씀하고 있습니다.

> 입힐 옷이 있는데도 어떤 사람을 벌거벗겨 내쫓는다면,
> 당신은 그가 얼어 죽도록 방치한 것입니다.
> 사람이 굶주림으로 고통 받는 것을 보고도 먹이지 않는다면,
> 당신은 그가 굶어 죽도록 방치한 것입니다.
> 마찬가지로, 죽음이나 그와 유사한 위험에 처한 사람을 발견하고 어떤 조처를 취해야 할지 알면서도 그를 구하지 않는다면,
> 당신은 그를 죽인 것입니다.

말이나 행동으로 그를 죽게 하지 않았다고 변명해도
아무 소용이 없습니다.
왜냐하면 당신은 그에게 사랑을 베풀지 않았고,
그가 생명을 구할 수 있도록 도와주지 않았기 때문입니다.
그러므로 하나님이 육체의 궁핍과 생명의 위기에 처한 사람에게 조언하고 도와주지 않는 모든 사람을 살인자로 일컫는 것은 정당합니다.
예수님이 친히 "내가 주릴 때에 너희가 먹을 것을 주지 아니하였고 목마를 때에 마시게 하지 아니하였고"(마 25:42)라고 선언하신 것처럼, 심판의 날에 하나님은 그런 자들에게 가장 무거운 형벌을 내리실 것입니다.[7]

꼭 사람을 죽여야만 살인이 아닙니다. 간접 살인도 살인입니다.

기(氣)죽이는 것도 살인이다

이와 더불어 예수님은 형제에게 성내는 것 또한 살인죄라고 강조하셨습니다.

옛 사람에게 말한 바 살인하지 말라 누구든지 살인하면 심판을 받게 되리라 하였다는 것을 너희가 들었으나 나는 너희에게 이르노니 형제에게 노하는 자마다 심판을 받게 되고 형제를 대하여 라가라 하는 자는 공회에 잡혀가게 되고 미련한 놈이라 하는 자는 지옥 불에 들어가게 되리라(마 5:21-22).

이 말씀은 매우 두려운 말씀입니다. 예수님은 한 걸음 더 나아가 형제에게 화를 내는 자마다, 즉 '라가'(바보)라 하는 자마다, 지옥 불에 들어가게 되리라고 말씀하십니다. 분노나 언어폭력도 살인죄에 해당된다는 것입니다.

인간은 모두 깨어지기 쉬운 질그릇과 같은 존재입니다. 겉으로는 강하게 보여도 속은 매우 연약합니다. 말 한마디에 상처를 입어 사람을 대할 때 생기와 의욕을 잃어버리는 것이 사람이란 존재입니다. 그러기에 예수님은 다른 사람의 외적인 생명을 빼앗는 것만이 살인이 아니라, '속사람을 상심시키는 것' 또한 살인이라고 말씀하고 계신 것입니다. 따라서 오늘 본문은 우리가 심각하게 숙고해야 할 필요가 있습니다.

"칼에 묻은 피와 욕하는 입술에 묻은 침은 같다"는 말이 있습니다. 물리적인 생명은 한순간 죽어 없어질 수 있으나 정신적인 생명은 서서히 죽어 갑니다. 만약 남의 생명이 점차 소멸하는 데 직간접적으로 영향을 미친다면, 그것은 제 6계명을 위반하는 행위입니다.

미국의 초대형 교회 가운데 하나인 윌로크릭교회에서 빌 하이벨스 목사의 설교 시간에 일어난 일입니다.

그 형제를 미워하는 자마다 살인하는 자니 살인하는 자마다 영생이 그 속에 거하지 아니하는 것을 너희가 아는 바라(요일 3:15).

빌 하이벨스 목사는 설교 중에 언급된 이 말씀이 단순한 결심이나 기도만으로 끝나는 것이 아니라 반드시 실천해야 할 말씀이라는 성령의 인도를 강하게 받았습니다. 그래서 설교를 시작한 지 몇 분 만에 성도들에게 다음과 같이 강력하게 말했습니다.

여러분! 누군가에게 말로 상처를 입히고, 그 사람의 속사람을 죽인 일이 있다면, 지금 가서 화해하십시오.

설교가 끝나자 처음에는 회중들이 웅성거렸지만, 한두 사람이 자리에서 움직이기 시작했습니다. 마침내 어떤 사람은 공중전화로 달려가고, 어떤 사람은 휴대 전화로 누군가와 통화를 하고, 어떤 사람은 차를 몰고 집으로 돌아가고, 어떤 사람은 친척 집으로, 직장 동료에게로, 교회의 교우에게로 찾아가는 일이 일어났습니다. 그 자리에 모인 성도들이 먼저 찾아가서 누군가와 화해하는 역사가 일어난 것입니다. 성령께서 일으키신 감동의 역사입니다.

사실 우리는 알게 모르게 수많은 사람들을 살인했는지도 모릅니다. 우리는 우리가 사랑하고 돌보아야 할 가장 가까운 사람들에게 오히려 많은 상처를 주면서 살아갑니다. 사람이 가장 상처를 많이 받는 곳이 가정이라는 통계도 있습니다. 그러나 마음에 상처를 입히는 것은 바로 살인 행위와 다름없다는 사실을 기억해야 합니다. 오늘 이 말씀을 읽는 독자들도 마음속으로 생각나는 사람이 있다면, 오늘을 넘기지 말고 그 사람에게 연락해서 용서를 구하시기 바랍니다. 오늘 본문의 말씀은 특정한 사람들이 아닌 우리 모두에게 주어진 말씀입니다.

개신교의 한 종파인 어느 메노나이트 교인(Mennonite)의 포스터가 우리의 반성을 촉구합니다. "평화를 위한 조심스러운 제안"이라는 제목이 붙은 포스터에는 다음과 같은 문구가 적혀 있습니다.

> 이 세상의 그리스도인만이라도
> 다른 그리스도인을 죽이지 않기로 한다면….

이 땅에서 평화를 원한다면, 다른 그리스도인을 죽이지 않는 것으로 평화의 첫걸음을 시작하자는 의미입니다. 여러 종교가 공존하는 오늘날, 다른 그리스도인이나 다른 종교인들을 죽이지 않겠다고 결단하는 것이 새로운 시발점이 될 수 있을 것입니다.

'직업'은 독일어로 '베루프'(Beruf)입니다. 이 단어는 독일어 '루펜'(rufen, '부르다')이라는 동사에서 파생되었습니다. 따라서 '직업'이란 바로 그 사람을 향한 '하나님의 부르심'입니다. 이 세상을 살아가는 동안에 우리의 생업, 직업은 하나님께서 서로 도와가며 살 수 있도록 맡긴 일입니다. 그러므로 우리는 우리의 직업으로 우리 자신과, 가족의 의식주를 해결하는 데 매달릴 뿐만 아니라 타인의 생명을 보살피고 살리는 일에도 더불어 힘써야 할 것입니다.

하나님의 영은 '생기'(生氣)입니다. 성령은 '살아 있는 기운', '생명의 기운'입니다. 성령 충만한 사람은 하나님께 생기를 받아, 그 생기를 남에게 나누고, 그 생기를 공급하는 삶을 사는 사람들입니다. 생기가 충만하여 주변 사람들에게 그 생기를 나누는 복된 삶이 되기를 바랍니다.

제 7계명

내 몸과 내 가정만 지켜도!

● 출 20:14

● 출 20:14

　간음하지 말라

가정을 파괴하는 죄

제 7계명인 "간음하지 말라"는 이웃을 해치지 말라는 다른 두 계명, 즉 "살인하지 말라"는 6계명과 "도적질하지 말라"는 8계명과 더불어 전통적인 계명에 속합니다. 이 세 계명을 지키지 않으면 이웃에게 치명적인 피해를 입힐 수 있습니다. '간음하다'라는 뜻의 히브리어 동사 '나아프'는 구약성경에서 총 34회 나옵니다. 이 단어는 예언서에서 집중적으로 사용되는데 무려 24회 언급됩니다. 모세오경에서는 십계명을 설명하는 부분에서 2회(출 20:14; 신 5:18), 레위기에서 4회 나오고, 나머지 4회는 지혜 문학에서 발견됩니다.

이 단어의 의미는 레위기 20장 10절에 잘 드러납니다.

> 누구든지 남의 아내와 간음하는[나아프] 자 곧 그의 이웃의 아내와 간음하는[나아프] 자는 그 간부와 음부를 반드시 죽일지니라.

여기서 간음한 남자가 기혼자인지 아닌지는 구체적으로 나오지 않지만, 간음한 여인의 신분은 분명히 드러납니다. 그녀는 한 사람의 '아내'입니다. 간음은 이미 결혼한 남의 아내와 성적인 관계를 맺는 것입니다. 따라서 간음은 거룩한 결혼과 가정을 위협하기 때문에 중대한 죄로 간주됩니다.

구약성경에서는 다음과 같은 경우를 간음으로 간주합니다.

첫째, 남자가 다른 사람의 아내와 성관계를 맺는 경우입니다(레 18:20; 20:10; 신 22:22).

둘째, 남자가 다른 사람의 약혼녀와 성관계를 맺는 경우입니다(신 22:23-27). 약혼녀는 정혼한 여자로서 결혼한 여자로 간주되었습니다. 고대 이스라엘에서 정혼이란 증인들 앞에서 거행되는 정식 혼전의식으로서 남자에게 여자에 대한 법적인 권리가 부여되고 공식적인 이혼절차를 밟지 않고서는 파기할 수 없는, 구속력이 있는 계약관계였습니다. 정혼 기간 중 성관계는 허용되지 않고, 여자는 친정에 머물게 됩니다. 그러나 두 사람은 부부로 간주되었습니다(마 1:19-20, 24).

셋째, 결혼한 여자가 남편이 아닌 다른 남자(아마 기혼자)와 성관계를 맺는 경우입니다(호 4:13; 겔 16:22).

구약에서는 남자가 결혼이나 정혼을 하지 않은 처녀나 하녀 혹은 직업여성과 성관계를 갖는 것은 간음으로 간주되지 않았습니다. 이는 당시의 남성 중심적인 사고에서 비롯된 것으로 보입니다. 아무튼 구약성경의 간음은 결혼한 가정을 파괴하는 행위를 가리킵니다.

합법적인 후손을 보장하는 법

이스라엘에서 성 문제와 관련하여 여자에게 매우 엄격하게 법을 적용하여 남편 이외의 다른 남자와 갖는 모든 성관계를 간음으로 규정하고, 이를 금지시킨 이유가 과연 무엇일까요? 결혼한 남자는 처녀나 하녀나 직업여성과 관계를 가져도 간음죄로 간주하지 않는데 말입니다.

구약에서 간음을 엄격하게 금한 핵심적 이유는 합법적인 후손을 확보함으로 가정을 보호하기 위한 것입니다. 이 계명은 정상적인 결혼을 전제로 합니다. 간음을 법으로 금지한 이유는 이스라엘 백성에게 '성 윤리'보다는 '순수한 가문의 보존'이 중요했기 때문이었습니다. 따라서 그들은 성을 잘못 사용함으로써 따라올 수 있는 그릇된 결과를 예방하는 일이 중요했습니다.

그러면 왜 가문의 보존이 중요했을까요? 가문을 보존하는 것은 가정의 생존이 달린 문제였기 때문입니다. 당시 모든 생활은 오직 가정 내부에서만 가능했습니다. 가족들 스스로 생존에 필요한 모든 물품들을 생산하고 일용할 식량을 마련해야 했습니다. 시장에서는 기껏해야 이러한 일들을 하기 위해 필요한 연장 정도만 취급할 뿐이었습니다. 3-4대가 함께 사는 대가족은 경제적으로 폭넓은 자율성을 가진 단위였고, 대가족의 구조와 규모는 이러한 과제를 수행하기에 적합했습니다. 이것은 고대 이스라엘뿐만 아니라 당시 주변 나라들도 마찬가지였습니다. 따라서 가족 구성원들 간의 관계가 무너지면 생존 기반이 무너지는 것과 같습니다. 가정에서는 상속 재산을 지키고, 적법한 아들들을 상속자로 세우고, 자신들의 노후를 보장할 수 있는 자식을 양육하는 것이 가장 중요한 일이었습니다. 그리고 이 모든 과정에서 결혼과 부부 관계는 매우 중요한 비중을 차지했습니다.

간음으로 인해 가족과 그 재산을 보존할 후손의 적법성에 혼란이 오면 한 가정은 치명적인 위기를 맞게 됩니다. 그래서 간음은 한 가정의 존재 기반을 뒤흔드는 중대한 범죄에 해당됩니다. 당시의 가정은 경제적이고 실제적인 측면에서 한 사람의 전부라고 할 수 있었습니다.

그러하기에 가정이 무너지면 자신의 전 존재가 무너지는 것과 같습니다. 따라서 간음의 문제는 한 남자와 한 여자만의 은밀한 개인적 양심의 문제가 아니라 더 심각한 사회 문제라고 말할 수 있습니다. 이러한 상황에서 제 7계명의 의도는 남편과 아내가 충실한 결혼 관계를 유지하여 그들의 존재 기반인 가정을 보호하는 데 있습니다.

간음은 하나님께 범하는 죄

간음죄에 대한 처벌은 크게 두 가지로 구분됩니다.
첫째, 간음한 사람들을 돌로 쳐 죽이게 되어 있습니다.

> 너희는 그들을 둘 다 성읍 문으로 끌어내고 그들을 돌로 쳐죽일 것이니 그 처녀는 성안에 있으면서도 소리 지르지 아니하였음이요 그 남자는 그 이웃의 아내를 욕보였음이라 너는 이같이 하여 너희 가운데에서 악을 제할지니라(신 22:24).

둘째, 범법자를 화형에 처하게 되어 있습니다.

> 석 달쯤 후에 어떤 사람이 유다에게 일러 말하되 네 며느리 다말이 행음하였고 그 행음함으로 말미암아 임신하였느니라 유다가 이르되 그를 끌어내어 불사르라(창 38:24; 참조, 레 20:14; 21:9).

간음은 가정뿐 아니라 공동체 전체와 연관된 범죄이기 때문에 공동체는 간음한 자의 목숨을 요구한 것입니다. 간음은 공동체와 하나님을 거스르는 범죄 행위로 여겨졌습니다. 간음은 다른 모든 범죄처럼 언약 관계를 파기하는 행위입니다.

창세기 20장에 보면 아브라함이 아내를 누이로 속이는 사건이 나옵니다. 아비멜렉이 아브라함의 아내 사라와 관계를 가지려고 할 때 하나님께서 그것을 막아 주십니다. 그리고 하나님은 남의 아내를 범하는 것은 하나님을 향한 죄임을 분명히 말씀하고 있습니다.

> 하나님이 꿈에 또 그에게 이르시되 네가 온전한 마음으로 이렇게 한 줄을 나도 알았으므로 너를 막아 내게 범죄하지 아니하게 하였나니 여인에게 가까이 하지 못하게 함이 이 때문이니라(창 20:6).

여러분은 요셉의 이야기를 잘 아실 것입니다. 보디발의 아내는 큰 집에 자신과 요셉 단 둘만 있는 것을 알고 요셉을 노골적으로 유혹했습니다. 아마도 보디발의 아내는 좋은 기회라고 생각했을 것입니다. 그러나 요셉에게는 위기의 상황이었습니다. 똑같은 상황인데 보는 각도에 따라서 한 사람에게는 위기이고, 한 사람에게는 기회가 된 것입니다. 이 상황에서 요셉은 어떤 태도를 보였을까요?

> 이 집에는 나보다 큰 이가 없으며 주인이 아무것도 내게 금하지 아니하였어도 금한 것은 당신뿐이니 당신은 그의 아내임이라 그런즉 내가 어찌 이 큰 악을 행하여 하나님께 죄를 지으리이까.
> (창 39:9)

구약 시대에 여성의 주인은 남자였습니다. 남자는 시민이고, 여성은 그의 소유물이었습니다. 여성들은 주민 수에 포함되지도 않았습니다. 따라서 한 사람이 다른 사람의 아내를 범하면 일차적으로 그는 그 여자의 주인인 남편에게 죄를 범한 것이 됩니다. 그런데 요셉은 남편 보디발을 언급하기 전에 "하나님께 죄를 지으리이까"라고 말합니다. 이것이 바로 신앙인의 모습이며 성경에서 말하는 법입니다. 간음은 사람에게 짓는 죄이기 이전에 하나님께 범하는 엄청난 죄입니다.

가정을 아름답게 가꾸라

보통 간음죄는 다섯 가지 관계에 영향을 끼친다고 합니다.

첫째, 하나님과의 관계에 영향을 미칩니다. 둘째, 자신의 육체에 영향을 끼칩니다. 셋째, 자신의 배우자에게 영향을 끼칩니다. 넷째, 불륜 상대자에게도 영향을 줍니다. 다섯째, 불륜 상대자의 배우자에게 죄를 짓는 셈입니다.

탈무드는 어떤 경우에서도 정당화할 수 없고, 용서받을 수 없는 죄를 세 가지로 소개합니다. 그중 첫 번째 죄는 우상숭배입니다. 하나님 이외에 다른 우상을 섬기는 죄는 용서받을 수 없습니다. 두 번째는 다른 사람을 고의로 죽인 살인죄입니다. 의도적으로 사람을 죽이는 죄는 결코 용서받을 수 없습니다. 마지막 세 번째가 바로 간음죄입니다. 이처럼 제 7계명은 하나님의 백성에게 있어서 굉장히 중요한 규범입니다. 그래서 고대 이스라엘 사회에서는 간음 행위를 무거운 형벌로 다스렸습니다. 간음을 행한 자를 불에 태워 죽이거나 돌로 쳐 죽인 것도, 그만큼 간음이 하나님께 심각한 죄로 간주되었기 때문입니다.

신약에서 사도 바울은 간음을 다른 죄와는 달리 자기 몸에다 범하는 죄라고 말하고 있습니다.

> 음행을 피하라 사람이 범하는 죄마다 몸 밖에 있거니와 음행하는 자는 자기 몸에 죄를 범하느니라(고전 6:18).

이뿐만 아니라 간음은 하나님께 받은 거룩한 몸과 성령이 거하시는 거룩한 전을 더럽히는 행위입니다.

> 너희 몸이 그리스도의 지체인 줄을 알지 못하느냐 내가 그리스도의 지체를 가지고 창녀의 지체를 만들겠느냐 결코 그럴 수 없느니라(고전 6:15).

신약에 와서는 구약 시대에 간음죄로 간주되지 않았던 처녀,

하녀, 직업여성과의 관계까지 간음죄에 포함됩니다. 성적인 타락은 인간의 가장 강력한 죄성입니다. 그리고 많은 사람들이 성적인 죄를 범하고 있습니다. 그런데 간음죄는 하나님 나라에 들어가지 못하는 죄 가운데 하나임을 기억해야 합니다.

> 불의한 자가 하나님의 나라를 유업으로 받지 못할 줄을 알지 못하느냐 미혹을 받지 말라 음행하는 자나 우상 숭배하는 자나 간음하는 자나 탐색하는 자나 남색하는 자나 도적이나 탐욕을 부리는 자나 술 취하는 자나 모욕하는 자나 속여 빼앗는 자들은 하나님의 나라를 유업으로 받지 못하리라(고전 6:9-10).

> 모든 사람은 결혼을 귀히 여기고 침소를 더럽히지 않게 하라 음행하는 자들과 간음하는 자들을 하나님이 심판하시리라(히 13:4).

마태복음 7장에서 예수님은 제 7계명을 보다 엄격하게 재해석합니다. 즉, 간음하는 행위뿐 아니라 그것을 생각하며 마음으로 원하는 것조차도 간음이라고 말씀하고 계십니다.

> 또 간음하지 말라 하였다는 것을 너희가 들었으나 나는 너희에게 이르노니 음욕을 품고 여자를 보는 자마다 마음에 이미 간음하였느니라(마 5:27-28).

간음이란 신약에 와서는 '행위의 문제'뿐 아니라 '마음의 의도'와도 연결됩니다. 더 나아가 심지어 이혼도 간음과 관련되어 있습니다.

> 무릇 자기 아내를 버리고 다른 데 장가 드는 자도 간음함이요 무릇 버림당한 여자에게 장가드는 자도 간음함이니라(눅 16:18).

따라서 제 7계명은 결혼 생활을 소중하게 여기고 가정을 아름답게 가꾸라는 명령으로 확대해서 이해할 수 있습니다.

하나님 앞에서 맺어진 언약

성경은 결혼으로 두 남녀가 결합하는 것을 거룩하게 여깁니다. 결혼은 하나님께서 두 사람을 짝지어 주신 것이기 때문입니다.

> 그런즉 이제 둘이 아니요 한 몸이니 그러므로 하나님이 짝지어 주신 것을 사람이 나누지 못할지니라 하시니(마 19:6).

이러한 이유로 하나님은 간음을 금지하고 있습니다. 결혼이란 오직 두 사람이 배타적으로 성적인 관계를 맺도록 하나님께서 선물로 주신 것입니다.

그리스도인들은 결혼식을 올릴 때 주로 목사님을 주례로 모십니다. 목사님은 결혼식에서 하나님의 말씀으로 "하나님께서 짝지어 주신 것을 사람이 나누지 못할지니라"고 선포합니다. 이것은 형식적 멘트가 아닙니다. 결혼은 사람과 사람 사이에서 맺어진 계약(contract)이 아니라 하나님 앞에서 체결된 언약(covenant)입니다. 계약은 인간들의 합의로 체결된 것이기 때문에 인간들의 합의로 바뀔 수도 있습니다. 그러나 하나님 앞에서 체결된 언약은 인간들의 뜻만으로 변경시킬 수 없습니다. 믿음의 사람들은 하나님께서 자신의 짝을 만나게 해 주셨기 때문에 인간의 소견대로 이 관계를 나눌 수 없다는 사실을 고백하고 아멘으로 받아들입니다. 따라서 결혼은 하나님 앞에서 맺어진 언약입니다.

그는 젊은 시절의 짝을 버리며
그의 하나님의 언약을 잊어버린 자라(잠 2:17).

결혼은 가장 심오한 인간 관계를 경험하도록 하나님이 주신 선물입니다. 그러므로 제도적 범위를 벗어난 성생활은 언약에 대한 책임을 망각한 채 기쁨만을 즐기려는 패역한 시도입니다.

교회는 전통적으로 두 사람의 은밀한 합의로 이루어지는 이른바 비밀 결혼을 강하게 반대합니다. 교회는 성 또는 성관계가 공중 앞에서 떳떳한 것이어야 함을 주장합니다. 따라서 교회는 하나님과 증인들 앞에서 서로 헌신하겠다고 서약한 경우에만 성관계를 허락합니다.

성(性)은 하나님의 선물

일부 기독교는 초대 교회 시대부터 제 7계명을 엄격하게 해석하여 부부 관계 이외의 성적인 관계를 모두 금했고, 출산을 위한 부부 관계 외에는 모두 부정한 것으로 이해했습니다. 그러나 이것은 하나님께서 인간에게 주신 복된 선물인 성을 잘못 이해한 것입니다. 그 결과 보수적인 환경에서 자라온 독실한 신앙인들은 성을 부정적으로만 생각하고 아주 소극적으로 대하는 경우가 많습니다. 그러나 성경은 성을 소극적이거나 부정적으로 말하고 있지 않습니다. 성경 어디에도 성과 인간의 성욕을 비하한 곳은 없습니다. 성경은 성적인 기쁨과 쾌락을 전혀 거부하지 않습니다.

성은 특별히 부부 관계에서만 허용되는 하나님의 선물입니다. 하나님이 사람을 남자와 여자로 지었다는 것은 인간을 '성적 존재'로 지었다는 것을 의미합니다. 인간이 가진 이러한 성욕을 쓸 수 있는 곳은 결혼이라는 울타리 안입니다. 하나님께서 짝지어 주신 아내와 남편이 나누는 성은 하나님이 주신 복이자 선물입니다.

> 네 샘으로 복되게 하라
> 네가 젊어서 취한 아내를 즐거워하라
> 그는 사랑스러운 암사슴 같고 아름다운 암노루 같으니
> 너는 그의 품을 항상 족하게 여기며
> 그의 사랑을 항상 연모하라(잠 5:18-19).

남녀 간의 사랑, 특별히 부부 관계 안에는 많은 즐거움이 있습니다. 그 즐거움을 누리는 것은 하나님이 인간에게 주신 축복을 누리는 것입니다. 그래서 사람이 가장 아름다울 때는 성관계할 때라고도 합니다. 이때 느끼는 남녀의 기쁨이 다른 것에 비할 바 없이 크기 때문입니다. 옛날 사람들은 이것을 가리켜 남녀상열지사(男女相悅之詞)라고 했습니다.

그러나 부부 사이에서도 강제적인 성관계는 옳지 않습니다. 20세기 최고의 신학자인 칼 바르트(K. Barth)는 "공존 없는 성관계는 악마적인 일이다"라고 말한 적이 있습니다. 상대방을 인격이 아닌 자신의 욕망을 채우려는 수단으로 이해하거나, 성을

그런 상품이나 사물로 대하는 태도는 제 7계명을 근본적으로 어기는 범죄 행위입니다. 성적으로 희롱하거나, 성을 폭력적으로 휘두르거나, 성을 매매하는 행위는 인간을 한 인격이 아니라 물질로, 상품으로 보는 것입니다.

하나님께서 주신 성은 하나님의 선물로서 하나님의 규율 안에서 인격적으로 적절하게 사용될 때 그 가치가 드러납니다. 그러므로 우리는 하나님이 허락하신 합법적인 배우자와만 성을 나누겠다고 결심해야 합니다.

그리고 '성'의 순결은 혼 '전'(前)뿐만 아니라 혼 '후'(後)에도 매우 중요합니다. 종교개혁자와 청교도들은 이 계명을 각 배우자가 혼외정사를 삼갈 뿐 아니라 상대 배우자에게 성생활의 의무를 다해야 한다는 뜻으로 해석했습니다. 그들은 한쪽 배우자가 성생활을 거부하는 성적인 유기를 간음의 한 형태로 생각하고, 이를 이혼 사유로 허락했습니다. 서로의 성적 친교를 인정하지 않는 것은 실제로 결혼서약을 파기하는 것이기 때문입니다.

'간음을 행하지 않는 것' 이것은 자신을 지키는 것이고, 다음으로 가정을 지키는 것입니다. 그리고 더 나아가 사회와 국가를 지키는 것입니다. 그러나 우리나라 기독교 인구가 전체 인구의 1/4을 차지함에도 불구하고 이혼율과 간음의 빈도수가 더 높아지는 것은 매우 심각하고 부끄러운 현상입니다. 이것은 아직도 그리스도인들이 이 제 7계명을 너무나 가볍게 여긴다는 증거입니다.

성경에 나오는 인물들 중에 하나님이 말씀하신 이 제 7계명을 지키지 못해 무너진 사람들이 있습니다(다윗과 솔로몬). 그러나 이 제 7계명을 잘 지켜 승리한 인물들도 있습니다(요셉). 우리가 하나님께서 말씀하신 다른 계명들은 몰라도 내 몸의 순결만큼은 지킬 수 있기를 소원합니다. 우리의 가정은 우리가 지켜야 합니다. 이것이 이 사회와 국가를 지키는 소중한 첫걸음입니다. 사실 내 가정만 제대로 지켜도 엄청난 업적을 남긴 삶입니다. 많은 업적을 남긴 유명한 사람이라 할지라도 자신의 가정을 제대로 지켜 내지 못한 사람이 얼마나 많은지 모릅니다. 부부간의 정절을 지켜 냄으로 가정을 끝까지 사수하는 성자(聖者)가 되고자 결단하고 그것을 실천하는 그리스도인들이 많아지길 바랍니다.

제 8계명

내 것이라고 모두 내 것일까?

● 출 20:15

● 출 20:15

도둑질하지 말라

도둑질의 대상

제 8계명은 도둑질을 금하고 있습니다. 그런데 본문에서 '도둑질하다'라는 뜻의 히브리어 동사 '가나브'의 목적어가 나와 있지 않기 때문에 훔치는 대상을 알 수 없습니다. 구약성경에서 이 동사 '가나브'의 목적어로는 사람과 사물이 모두 올 수 있습니다. 그런데 성경에서 이 동사가 사람을 목적어로 갖는 경우는 단 세 번 등장합니다. 사람을 목적어로 삼은 본문들은 다음과 같습니다.

나는 히브리 땅에서 끌려온[가나브] 자요 여기서도 옥에 갇힐 일은 행하지 아니하였나이다(창 40:15).

사람을 납치한[가나브] 자가 그 사람을 팔았든지 자기 수하에 두었든지 그를 반드시 죽일지니라(출 21:16).

사람이 자기 형제 곧 이스라엘 자손 중 한 사람을 유인하여[가나브] 종으로 삼거나 판 것이 발견되면 그 유인한[가나브] 자를 죽

> 일지니 이같이 하여 너희 중에서 악을 제할지니라(신 24:7).

여기에서 알 수 있듯이 제 8계명은 일차적으로는 이스라엘 사람의 자유를 박탈하여 노예화하는 이른바 '인간을 도둑질하는 행위'(유괴 행위와 인신매매)를 금하는 계명입니다.

그러나 제 8계명을 유괴 행위를 금하는 계명으로만 국한할 필요는 없습니다. 이 동사의 목적어로는 인간뿐 아니라 사물도 올 수 있기 때문입니다. 여기에서 이 동사의 목적어로 사용된 사물들은 주로 짐승(출 21:37; 22:11 등)이나 재물(창 44:8; 출 22:6 등)입니다. 따라서 제 8계명은 대상을 확대하여 사람뿐만 아니라 소유물까지 망라하는 폭넓은 내용으로 이해해야 합니다.

> 사람이 돈이나 물품을 이웃에게 맡겨 지키게 하였다가 그 이웃 집에서 도둑을 맞았는데[가나브] 그 도둑[가나브]이 잡히면 갑절을 배상할 것이요(출 22:7).

따라서 제 8계명은 먼저는 사람의 유괴와 인신매매, 더 나아가 일반적인 절도 행위를 금하는 계명입니다.

사람을 훔치는 죄, 사물을 훔치는 죄

동서고금 어느 사회를 막론하고 도둑질을 용납하는 사회는 없습니다. 어떤 사회든지 도둑질은 사회적인 범죄로 규정하여 금지하고 있습니다. 현존하는 법전 가운데 가장 오래된 법전 중 하나인 함무라비법전은 강도를 포함하여 도둑질한 사람을 사형에 처하도록 규정하고 있습니다. 이슬람교의 경전인 코란의 경우 남자나 여자를 막론하고 도둑질한 사람은 그 손을 자르라고 말하고 있기 때문에 오늘날에도 이슬람교를 신봉하는 아랍권에서는 다른 사람의 물건을 훔친 사람은 손을 잘라 버리는 가혹한 형벌이 가해지기도 합니다. 코란에 따르면 이 무서운 형벌은 신이 내리는 것입니다.

그렇다면 구약성경은 도둑질한 사람을 어떻게 처벌하라고 말하고 있을까요? 도둑질의 대상이 물건인 경우와 사람인 경우를 나누어 규정하고 있습니다. 도둑질의 대상이 물건인 경우 즉 절도죄에는 배상법이 적용되었습니다. 예를 들어 소나 양과 같은 짐승을 도둑질한 경우에는 다음과 같이 처리했습니다. 도둑이 훔친 짐승을 도살하지 않고 가지고 있는 경우, 짐승을 주인에게 되돌려주어야 합니다. 이와 동시에 본래의 주인에게 갑절로 배상해야 했습니다.

도둑질한 것이 살아 그의 손에 있으면 소나 나귀나 양을 막론하고 갑절을 배상할지니라(출 22:4).

그러나 훔친 짐승을 팔아 버렸거나 죽여 없앤 경우에는 주인에게 되돌려 줄 수 없습니다. 이 경우에 소는 5배, 양은 4배로 배상해야 합니다.

사람이 소나 양을 도둑질하여 잡거나 팔면 그는 소 한 마리에 소 다섯 마리로 갚고 양 한 마리에 양 네 마리로 갚을지니라(출 22:1).

소에 대한 배상이 양보다 무거웠던 이유는 소가 없어서 생기는 노동력의 손실이 더 컸기 때문입니다.

구약성경은 일반 절도죄에 대해서는 당시 주변 나라의 경우와는 달리 사형과 같은 극형이나 손을 자르는 것과 같은 가혹한 형벌을 피하고 있습니다. 구약성경에서는 절도범을 처벌할 때 신체적인 상해를 가하지는 않았습니다. 도둑에게도 인권이 있음을 인정하였습니다. 구약성경이 메소포타미아와는 달리 절도 행위를 비교적 가볍게 처벌한 것은, 사람이 물질보다 훨씬 더 귀중하다는 사고 때문입니다. 사실 이스라엘의 형법은 재산이 아니라 사람을 보호하려는 데 그 목적이 있었습니다. 재산보다 사람이 더 중요하기 때문입니다.

더 나아가 구약 시대에 다른 사람의 짐승이나 물건을 훔치는 절도 행위는 대부분 경제적으로 가난한 사람들이 궁핍한 가운데 일으키는 범죄였기 때문에 그 처벌이 가혹하지는 않았던 것으로 추정됩니다. 그래서 이러한 경우 가혹한 형벌로 다스리기보다는 배상법을 적용시켰던 것입니다.

그런데 사람을 도둑질한 경우는 사정이 달랐습니다. "사람을 납치한[가나브] 자가 그 사람을 팔았든지 자기 수하에 두었든지 그를 반드시 죽일지니라"(출 21:16)와 "사람이 자기 형제 곧 이스라엘 자손 중 한 사람을 유인하여[가나브] 종으로 삼거나 판 것이 발견되면 그 유인한[가나브] 자를 죽일지니 이같이 하여 너희 중에서 악을 제할지니라"(신 24:7)에서 알 수 있는 바와 같이, 구약에서는 유괴범이나 인신매매범은 사형에 처해졌습니다. 짐승이나 물건과 인간의 생명은 그 가치가 근본적으로 다르기 때문입니다.

땀 흘리지 않고 얻은 것은 도둑질이다

구약에서 도둑질을 금지하는 것은 단순히 사회경제적 이유가 아니라 신학적 이유 때문이었습니다. 도둑질이란 일하지 않고 부당하게 소득을 얻는 행위입니다. 다른 말로 하면, 다른 사람이 애써서 이루어 놓은 노력의 결과를 훔치는 것입니다. 이러한 행위는 근본적으로 하나님의 창조질서에 어긋납니다. 하나님도 일하십니다. 창세기 1-2장에는 하나님의 창조 역사가 기록되어 있습니다.

> 천지와 만물이 다 이루어지니라 하나님이 그가 하시던 일을 일곱째 날에 마치시니 그가 하시던 모든 일을 그치고 일곱째 날에 안식하시니라 하나님이 그 일곱째 날을 복되게 하사 거룩하게 하셨으니 이는 하나님이 그 창조하시며 만드시던 모든 일을 마치시고 그 날에 안식하셨음이니라(창 2:1-3).

하나님께서 일하심으로, 모든 창조가 이루어졌습니다. 창조주 하나님도 일하시므로, 피조물인 인간도 일하면서 수고한 대가로 생활을 유지해야 합니다. 그것이 바로 창조질서입니다.

인간은 원래 일하는 존재로 태어났습니다. 흔히 최초의 인간의 보금자리였던 에덴동산은 일하지 않고 놀고먹는 곳으로 생각하기 쉽습니다. 그러나 에덴동산은 인간의 '놀이터'가 아니라 최초의 '일터'였습니다.

> 여호와 하나님이 땅에 비를 내리지 아니하셨고 땅을 갈[아바드] 사람도 없었으므로(창 2:5).

여호와 하나님이 그 사람을 이끌어 에덴 동산에 두어 그것을 경작하며[아바드] 지키게 하시고(창 2:15).

'땅을 갈다'와 '경작하다'로 번역된 히브리어는 '아바드'입니다. 즉 '일하다'(work)는 뜻입니다. 에덴동산은 땅을 갈고 밭을 경작하며 일하며 사는 곳입니다. 사람은 부지런히 일하면서 자신이 일한 열매를 정당하게 받도록 창조되었으며, 이것이 하나님이 창조하신 세계의 질서입니다. 따라서 인간의 일이나 노동은 거룩한 것입니다. 하나님은 인간을 그의 건강과 여건이 허락하는 한 열심히 일하며 살아가도록 지으셨습니다. 그런데 도둑질은 이러한 하나님의 창조질서를 파괴하는 일입니다. 따라서 땀을 흘리지 않고 소득을 얻는 것 역시 도둑질입니다.

부동산 투기나 아파트 분양 투기, 고리대금과 사채놀이, 다른 사람의 논문이나 지적 재산의 표절, 학생들의 보고서 표절, 시험 볼 때 부정행위 등은 남의 것을 도둑질하는 행위입니다.

나누지 않는 것도 도둑질이다

나눔이 없는 삶 역시 도둑질하는 삶입니다. 나의 손에 재물이 쌓일 때는 이 재물이 없어서 생사의 갈림길에 있는 사람들을 떠올릴 수 있어야 합니다. 한 사람이 타인의 삶을 위해 나누는 분량은 그 사람의 영성에 비례합니다. 자신의 재물이 늘어나는 것을 보며 그것에 집착하기 시작한다면, 그때부터 그 사람의 영성은 퇴색하기 시작합니다. 우리에게 재물이 늘어나면 늘어날수록, 이 재물이 필요한 사람을 떠올리며 그들과 나눌 수 있어야 합니다. 크리소스토모스는 나사로에 관한 설교에서 다음과 같이 말했습니다.

> 가난한 자들과 더불어 우리의 물건을 나누지 않는 것은 그들을 도둑질하고 그들의 목숨을 빼앗는 것과 같습니다. 우리가 갖고 있는 물건은 우리의 소유가 아니라 그들의 소유입니다.

모든 재물은 하나님의 선물입니다. 하나님은 나 혼자 차지하라고 재물을 주신 것이 아닙니다. 함께 나누며 더불어 살라고 주신 것입니다. 하나님의 선물은 독식하면 독이 됩니다. 신명기 15장 4절은 하나님께서 복을 주신 대로 약자들에게 나누어 주라고 명령합니다. 하지만 "가난은 나라님도 해결하지 못한다"고 하면서, 타인을 돕는 데 인색하거나 소극적인 사람들이 있습니다. 물론 가난은 지구의 종말이 올 때까지 존재할 것이므로 가난의 문제는 인간의 몫이 아니라고 생각하기 쉽습니다. 그러나 하나님은 가난한 자들에게 손을 펴라고 명하십니다.

> 땅에는 언제든지 가난한 자가 그치지 아니하겠으므로 내가 네게 명령하여 이르노니 너는 반드시 네 땅 안에 네 형제 중 곤란한 자와 궁핍한 자에게 네 손을 펼지니라(신 15:11).

가난의 문제를 완전하게 해결할 수는 없습니다. 단지 우리는 '우리' 주변을 잘 살펴보고 '우리' 도움이 필요한 사람이 있다면 작은 부분이라도 도울 수 있어야 합니다. 우리가 세상을 변화시킬 수는 없지만, 한 사람의 세상은 바꿀 수 있습니다.

따라서 진정한 그리스도인들은 더 많은 재물을 소유하는 것을 인생의 궁극적인 목표로 삼아서는 안 됩니다. 우리는 흔히 적어도 자녀들에게 어느 정도 물려 줄 수 있는 재산은 만들어 놓아야 하지 않을까 생각하기 쉽습니다. 물론 재산이 어느 정도는 필요합니다. 그리고 부를 축적하는 것이 잘못이라고 말할 수도 없습니다. 그러나 불필요한 재산이 많으면 자녀들의 인생도 망가지기 쉽습니다. 부모 된 자들이 재물을 탐하면서 물질의 파괴적인 속성을 간파하지 못하면 자녀들은 당연히 그 재산으로 큰 해를 입게 될 수밖에 없습니다.

무엇보다도 우리는 재물이 필요한 사람들에게 공정하게 분배되도록 헌신해야 합니다. 물질에 지나치게 집착하여 수단과 방법을 가리지 않고 부를 축적하고자 하는 모든 시도는 제 8계명을 위반하는 것입니다. 특히, 형법에 규정된 절도죄 외에 인신매매와 매춘 강요, 세금포탈, 부정축재, 뇌물수수, 매점매석, 고리대금, 과소비와 낭비 그리고 불공정 거래 등은 모두 개인의 이기심을 채우기 위해 인류 공동체를 무너뜨리는 행위이며 창조주 하나님의 뜻에 분명히 어긋나는 행위입니다. 하나님의 사람에게는 자신보다는 타인과 공동체를 먼저 생각하는 공동체적 영성이 필요합니다.

내 것이라고 모두 내 것이 아니다

사실 인간의 소유물(재산)은 그 자체가 중요한 것이 아니라 인간의 생존과 자유를 유지하는 수단이기 때문에 중요한 것입니다. 인간의 생존과 자유를 보호하는 것은 공동체를 유지하는 데 꼭 필요한 사항입니다. 현대 사회에서 자본의 힘은 나날이 커지고 있습니다. 재물이 절대적인 가치를 지닌 것처럼 간주되고 있습니다. 돈만 있으면 모든 것을 할 수 있다고 생각합니다. 따라서 많은 이들에게 재물을 얻는 것이 인생 최고의 목적이 되어 버렸습니다. 그러나 성경은 재물을 철저히 상대화시킵니다. 그리고 모든 재물은 인간의 것이 아니라 하나님의 것이라고 규정합니다.

땅과 거기에 충만한 것과

세계와 그 가운데에 사는 자들은

다 여호와의 것이로다(시 24:1).

인간조차도 인간의 것이 아니고 하나님의 것인데, 그 인간의 소유물은 누구의 것이겠습니까? 하나님은 사람이 생명과 자유를 유지할 수 있도록 이 모든 것들을 선물로 주셨습니다. 이 사실을 깨닫는 것은 매우 중요합니다. 보통 사람들은 자신의 소유물이 자신의 수고와 노력으로 획득한 자신의 것이라고 착각하기 때문입니다. 모세도 이러한 점을 지적한 바 있습니다.

네가 마음에 이르기를 내 능력과 내 손의 힘으로 내가 이 재물을 얻었다 말할 것이라 네 하나님 여호와를 기억하라 그가 네게 재물 얻을 능력을 주셨음이라(신 8:17-18).

우리는 현재 우리가 가진 모든 재물이 우리 소유물이 아님을 명심해야 합니다. 사람은 죽을 때 재산을 가지고 가지 못합니다.

우리가 세상에 아무 것도 가지고 온 것이 없으매 또한 아무 것도 가지고 가지 못하리니(딤전 6:7).

인간은 빈손으로 왔다가 빈손으로 되돌아갑니다. 욥은 일평생 모았던 재산을 다 날리고, 갑작스러운 사고로 자신의 자녀 열 명을 모두 잃어버렸습니다. 이렇게 엄청나게 비싼 수업료를 치른 후 욥은 다음과 같은 깨달음을 얻었습니다.

> 내가 모태에서 알몸으로 나왔사온즉 또한 알몸이 그리로 돌아가올지라 주신 이도 여호와시요 거두신 이도 여호와시오니 여호와의 이름이 찬송을 받으실지니이다(욥 2:21).

그러므로 근원적으로 볼 때, 재산은 이 땅에 살아 있는 동안 하나님께 빌린 대여물(loan)입니다. 이런 의미로 본다면, 모든 소유물은 하나님의 것으로 아주 거룩한 것입니다.

> 이는 삼림의 짐승들과 뭇 산의 가축이 다 내 것이며
> 산의 모든 새들도 내가 아는 것이며 들의 짐승도 내 것임이로다
> 내가 가령 주려도 네게 이르지 아니할 것은
> 세계와 거기에 충만한 것이 내 것임이로다(시 50:10-12).

청지기 정신이란 이 세상의 모든 만물이 하나님의 것이며, 인간은 하나님이 빌려 주신 재화를 관리하는 존재에 불과하다는 생각입니다. 그러므로 재산 자체에 집착하지 않고 언제든지 하

나님께 돌려드릴 마음의 준비를 갖추어야 합니다. 그런 태도를 갖춘 자만이 진정으로 그 재산을 소유하고 관리할 수 있는 자격이 있습니다. 우리는 욥에게서 이러한 태도를 발견할 수 있습니다.

> 내가 언제 가난한 자의 소원을 막았거나
> 과부의 눈으로 하여금 실망하게 하였던가
> 나만 혼자 내 떡덩이를 먹고
> 고아에게 그 조각을 먹이지 아니하였던가
> 실상은 내가 젊었을 때부터 고아 기르기를 그의 아비처럼 하였으며
> 내가 어렸을 때부터 과부를 인도하였노라
> 만일 내가 사람이 의복이 없이 죽어가는 것이나
> 가난한 자가 덮을 것이 없는 것을 못본 체 했다면
> 만일 나의 양털로 그의 몸을 따뜻하게 입혀서
> 그의 허리가 나를 위하여 복을 빌게 하지 아니하였다면
> 만일 나를 도와 주는 자가 성문에 있음을 보고
> 내가 주먹을 들어 고아를 향해 휘둘렀다면
> 내 팔이 어깨 뼈에서 떨어지고
> 내 팔 뼈가 그 자리에서 부스러지기를 바라노라
> 나는 하나님의 재앙을 심히 두려워하고
> 그의 위엄으로 말미암아 그런 일을 할 수 없느니라

만일 내가 내 소망을 금에다 두고

순금에게 너는 내 의뢰하는 바라 하였다면

…

내 장막 사람들은 주인의 고기에 배부르지 않은 자가

어디 있느뇨 하지 아니하였는가

실상은 나그네가 거리에서 자지 아니하도록

나는 행인에게 내 문을 열어 주었노라(욥 31:16-24, 31-32).

우리는 이러한 욥의 태도를 보며 재물과 관련하여 세 가지 사실을 배울 수 있습니다.

첫째, 재물은 정당한 방법으로 얻고 소유해야 합니다.

둘째, 어려운 이웃을 위하여 언제든지 자신의 재물을 내어놓을 준비가 되어 있어야 합니다.

셋째, 궁극적으로 자신이 소유하고 있는 재물을 의지하지 말아야 합니다.

이러한 태도를 가진 사람만이 하나님께서 주신 재물을 소유할 자격이 있습니다. 이러한 면에서 의로운 부자가 되는 것도 전혀 불가능한 일은 아닙니다.

그러므로 하나님의 사람들은 재물과 관련하여 늘 다음과 같이 기도해야 합니다. 잠언에 소개된 아굴의 기도입니다.

> 곧 헛된 것과 거짓말을 내게서 멀리 하옵시며
> 나를 가난하게도 마옵시고 부하게도 마옵시고
> 오직 필요한 양식으로 나를 먹이시옵소서
> 혹 내가 배불러서 하나님을 모른다
> 여호와가 누구냐 할까 하오며
> 혹 내가 가난하여 도둑질하고
> 내 하나님의 이름을 욕되게 할까 두려워함이니이다(잠 30:8-9).

아울러, 우리는 사도 바울의 가르침처럼 '자족하는 마음'도 배워야 합니다.

> 그러나 자족하는 마음이 있으면 경건은 큰 이익이 되느니라 우리가 세상에 아무 것도 가지고 온 것이 없으매 또한 아무 것도 가지고 가지 못하리니 우리가 먹을 것과 입을 것이 있은즉 족한 줄로 알 것이니라(딤전 6:6-8).

"만족하는 것이 부유한 것보다 낫다"(Contentment is better than riches)는 서양 속담 역시 이와 유사한 교훈을 담고 있습니다.

재물의 역할은 인간의 생명과 자유를 보장하고 삶의 질을 향상시키는 것입니다. 그리고 그 재물의 진정한 가치는 그것이 더불어 사는 사회의 건강한 토대가 될 때에 비로소 드러납니다. 재물이 한 개인의 편안한 삶을 위해서만 사용되어서는 안 됩니다.

하나님은 지구상의 물질을 충분히 풍부하게 만드셔서 모든 인간이 풍요롭게 쓰고도 남을 만큼 주셨습니다. 그러나 오늘날 많은 사람들의 재물에 대한 집착과 이기적인 행동 때문에 다른 이웃들이 기아에 허덕이며 최저 생계를 근근이 유지하고 있습니다. 이러한 현실에서 우리 그리스도인이라도 지역 사회의 어려운 이웃들을 돌보아야 하지 않을까요?

하나님께 '더 많은 것을 구하는 기도'도 중요하지만, 이웃에게 인색하지 않고 '더 많은 것을 나눌 수 있도록 구하는 기도'가 더 절실하게 필요합니다. 사도 바울은 에베소 교인들을 향하여 다음과 같이 말합니다.

> 도둑질하는 자는 다시 도둑질하지 말고 돌이켜 가난한 자에게 구제할 수 있도록 자기 손으로 수고하여 선한 일을 하라(엡 4:28).

즉, 재산은 소유하기 위한 것이 아니라 '가난한 자를 구제하기' 위해 있는 것입니다. 도둑질하지 말라는 이 계명은 소극적으로 타인의 물건에 손대지 말라는 데서 그치지 않습니다. 오히려 더 적극적으로 자신의 소유를 나누는 삶을 살아가라고 도전하고 있습니다. 이 8계명에 비추어, 우리 자신은 하나님과 이웃의 것을 도둑질하고 있는 것은 아닌지 반성해 봅시다.

"내 것이라고 모두 내 것은 아닙니다."

제 9계명

생명을 죽이고 살리는 혀

● 출 20:16

● 출 20:16
네 이웃에 대하여 거짓 증거하지 말라

법정의 증언

제 9계명은 법정에서 거짓 증언을 금하고 있습니다. 여기서 '증거하다'로 번역된 히브리어 '아나'는 보통 '대답하다'를 의미합니다. 그러나 '아나'가 전치사 '베'와 결합하면 특정인을 변호하거나 혹은 반대하기 위해 재판정에 서서 '증거하다', '증인이 되다'를 뜻합니다.

> 네 이웃에 대하여 거짓 증거하지[아나 베] 말라(출 20:16).

> 내가 여기 있나니 여호와 앞과 그의 기름 부음을 받은 자 앞에서 내게 대하여 증언하라[아나 베](삼상 12:3).

히브리어 '아나 베'는 소송 절차에서 사용되는 전문용어로 증인이 재판관 앞에서 '증언하는' 행위를 가리킵니다. 재판관이 없던 고대 이스라엘에서 대부분의 소송은 마을의 자유로운 시민들이 성문("그의 부모가 그를 끌고 성문에 이르러 그 성읍 장로들에게 나아가서", 신 21:19; 참조, 암 5:10)이나 성소("해마다 벧엘과 길갈과 미스바

로 순회하여 그 모든 곳에서 이스라엘을 다스렸고", 삼상 7:16; 참조, 렘 26:10)
에 모여 해결하였습니다. 이때 재판에서 증인이 진실하게 증언
하여 사람을 살릴 수도 있지만("진실한 증인은 사람의 생명을 구원하
여도 거짓말을 뱉는 사람은 속이느니라", 잠 14:25), 거짓으로 증언하여
동족을 해칠 수도 있었습니다("자기의 이웃을 쳐서 거짓 증거하는 사
람은 방망이요 칼이요 뾰족한 화살이니라", 잠 25:18). 특히 사형을 선고
하는 재판일 경우, 원칙적으로 적어도 증인이 둘 이상 있어야
했습니다.

> 죽일 자를 두 사람이나 세 사람의 증언으로 죽일 것이요 한 사람
> 의 증언으로는 죽이지 말 것이며(신 17:6).

따라서 당시의 재판 과정에서 증인의 말은 절대적으로 중요
하였습니다. 이스라엘 법뿐만 아니라 함무라비법전도 증인의
증언을 중요시하였기 때문에, 거짓 증언이 드러날 경우에는, 그
거짓 증언자가 피고인이 받을 그 벌을 대신 받도록 규정하고
있었습니다.

> 재판장은 자세히 조사하여 그 증인이 거짓 증거하여 그 형제를 거
> 짓으로 모함한 것이 판명되면 그가 그의 형제에게 행하려고 꾀한
> 그대로 그에게 행하여 너희 중에서 악을 제하라(신 19:18-19).

고대 이스라엘에서는 거짓 증언 때문에 무고한 사람이 재산을 빼앗기고 사형선고를 받는 경우가 있었습니다. 열왕기상 21장에 기록되어 있는 나봇의 경우가 이에 속합니다. 당시 북 왕국의 아합 왕은 나봇에게 포도원을 팔라고 요구하였습니다. 그러나 나봇의 포도원은 다른 사람에게 팔 수 있는 땅이 아니었습니다. 조상으로부터 물려받은 땅은 율법상 매매가 불가능했기 때문입니다. 이러한 관습 때문에 아합은 비록 왕이라 할지라도 그 땅을 살 수 없었습니다. 왕도 율법의 권위 아래 예속되어 있었기 때문입니다. 그러나 아합의 왕비 이세벨은 달랐습니다. 그녀는 증인 두 사람을 매수했습니다. 그리고 그들이 법정에서 나봇이 하나님과 왕을 저주했다고 거짓 증언을 하게 하여, 백성이 나봇을 돌로 쳐 죽이는 사건이 벌어졌습니다. 매수된 거짓 증인 때문에 무고한 생명이 희생된 것입니다. 이러한 일 때문에 시편에서는 정의로운 사법 질서를 부정하는 거짓 증인으로 곤경에 처한 의인의 탄식이 많이 등장합니다.

내 생명을 내 대적에게 맡기지 마소서
위증자와 악을 토하는 자가 일어나 나를 치려 함이니이다.

(시 27:12)

이웃을 보호하기 위한 법

법정에서 거짓말을 금하는 제 9계명의 본래 의도는 이웃을 보호하기 위한 것입니다. 따라서 이 계명은 넓은 의미에서 이웃을 해치는 모든 형태의 부정직한 말을 금하는 것으로도 볼 수 있습니다. 즉 거짓말, 허위 사실을 조작하거나 날조하는 말, 악의로 다른 사람을 중상하고 모략하는 말들이 이 계명과 관련됩니다. 악의로 거짓말하는 것은 물론 근거 없는 헛소문을 퍼뜨리거나 남을 헐뜯는 것 역시 다른 사람의 명예와 생명에 치명적인 손상을 입힐 수 있습니다.

너는 네 백성 중에 돌아다니며 사람을 비방하지 말며 네 이웃의 피를 흘려 이익을 도모하지 말라 나는 여호와이니라(레 19:16).

하나님은 거짓을 행하고 말하는 사람들을 결코 용납하지 않으십니다.

거짓을 행하는 자는 내 집 안에 거주하지 못하며
거짓말하는 자는 내 목전에 서지 못하리로다(시 101:7).

잠언에 보면, 하나님이 미워하시고 그 마음에 싫어하시는 것

일곱 가지가 언급됩니다.

> 여호와께서 미워하시는 것
> 곧 그의 마음에 싫어하시는 것이 예닐곱 가지이니
> 곧 교만한 눈과
> 거짓된 혀와
> 무죄한 자의 피를 흘리는 손과
> 악한 계교를 꾀하는 마음과
> 빨리 악으로 달려가는 발과
> 거짓을 말하는 망령된 증인과
> 및 형제 사이를 이간하는 자이니라(잠 6:16-19).

일곱 가지 가운데 거짓말과 관련된 것은 '거짓된 혀', '거짓을 말하는 망령된 증인', '형제 사이를 이간하는 것' 총 세 가지나 됩니다. 하나님은 특히 거짓말을 싫어하시고 미워하십니다.

침묵의 거짓말

적극적인 거짓말은 물론이고, 진실을 말해야 할 순간에 진실을 알면서도 침묵을 지키는 것 역시 정의 실현을 막는 행위요, '침묵의 거짓말'로서 제 9계명을 위반하는 것입니다.

> 만일 누구든지 저주하는 소리를 듣고서도 증인이 되어 그가 본 것이나 알고 있는 것을 알리지 아니하면 그는 자기의 죄를 져야 할 것이요 그 허물이 그에게로 돌아갈 것이며(레 5:1).

법정에 증인으로 불려 간 사람들 가운데 어떤 사람들은 위협을 받고 거짓 증언을 하기도 합니다. 어떤 사람은 사실을 알면서도 진실을 말하지 않기도 합니다. 때로는 '귀찮아서, 나하고 상관없는 일이니까, 관련되고 싶지 않아서' 모른다고 하는 경우도 있습니다. 우리나라 사람들은 외국과 비교할 때 특히 고발정신이 부족한 것 같습니다. 나하고 직접 상관이 없는 일에는 연관되고 싶지 않기 때문일 것입니다. 그래서 사회적인 불의가 더 성행하는 것 같습니다. 그러나 진실을 외면한 침묵도 거짓말에 해당되는 죄입니다.

진실 자체보다 생명 보호가 우선

기독교 윤리학에서는 거짓말을 네 가지 유형으로 나

눕니다. 첫째 악의에 찬 거짓말, 둘째 유머를 목적으로 하는 거짓말, 셋째 예의상 하는 거짓말, 넷째 불가피한 거짓말입니다.

첫째, '악의에 찬 거짓말'은 의도적인 거짓말, 즉 중상, 모함, 수군거림, 험담 등을 말합니다. 에베소서 4장 25절에서 사도 바울은 "그런즉 거짓을 버리고 각각 그 이웃과 더불어 참된 것을 말하라"고 권면합니다. 하나님의 사람들이라면 이러한 거짓말은 입 밖에도 내어서는 안 됩니다.

둘째, '유머를 목적으로 하는 거짓말'은 서로 즐거움을 나눌 목적으로 하는 거짓말입니다. 이러한 거짓말은 큰 잘못이라고 할 수는 없습니다. 하지만 이때 조심할 것이 있습니다. 유머는 사람들에게 웃음을 선사하고 사람의 삶에 윤활유와 같은 역할을 합니다. 그러나 상대방의 감정을 상하게 하거나 마음에 상처를 주어서는 안 됩니다. 따라서 상대를 깎아 내리는 저급한 유머도 피해야 합니다.

셋째, '예의상 하는 거짓말'은 예의를 차리기 위해 마음에 없는 말을 하는 것입니다. 예를 들어 상대방에게 편지를 쓸 때 "존경하는 아무개 님께" 혹은 "사랑하는 아무개 님께"라고 적는 경우입니다. 이러한 표현에 늘 진심이 담기지는 않습니다. 그러나 이런 말이 진심은 아닐지라도 이렇게 쓰다 보면 적어도 상대방을 존경하고 사랑해야겠다는 마음을 다시 한 번 가다듬게 됩니다.

마지막 네 번째, '불가피한 거짓말'은 진실을 말하면 이웃의 생명이 위험에 빠질 때 거짓말을 하는 경우입니다.

이러한 예는 성경에서도 찾을 수 있습니다. 두 가지 경우가 대표적입니다.

첫째, 출애굽기 1장 15절 이하에 히브리 산파인 십브라와 부아에 관한 이야기가 나옵니다. 당시 애굽의 왕은 이스라엘 인구가 불어나는 것을 보고 위협을 느낀 나머지 산파였던 십브라와 부아에게 이스라엘 사람이 남자아이를 낳으면 그 아이를 죽이라고 명령했습니다. 그러나 하나님을 경외하던 히브리 산파들은 애굽 왕의 명령을 어기고 남자아이들을 살려 두었습니다. 이 사실을 알게 된 애굽 왕은 이 산파들을 불러서 추궁합니다. 이때 산파들은 히브리 여인은 애굽 여인과 같지 아니하고 건장하여 산파들이 이르기도 전에 해산한다(출 1:19)고 대답하였습니다. 이는 거짓말이었습니다. 그런데 하나님은 이들의 행위를 책망하지 않으시고 오히려 은혜를 베풀어 주십니다.

하나님이 그 산파들에게 은혜를 베푸시니 그 백성은 번성하고 매우 강해지니라(출 1:20).

둘째, 여호수아 2장 1-6절에 나오는 기생 라합에 관한 이야기입니다.

눈의 아들 여호수아가 싯딤에서 두 사람을 정탐꾼으로 보내며 이르되 가서 그 땅과 여리고를 엿보라 하매 그들이 가서 라합이라 하는 기생의 집에 들어가 거기서 유숙하더니 어떤 사람이 여리고 왕에게 말하여 이르되 보소서 이 밤에 이스라엘 자손 중의 몇 사람이 이 땅을 정탐하러 이리로 들어왔나이다 여리고 왕이 라합에게 사람을 보내어 이르되 네게로 와서 네 집에 들어간 그 사람들을 끌어내라 그들은 이 온 땅을 정탐하러 왔느니라 그 여인이 그 두 사람을 이미 숨긴지라 이르되 과연 그 사람들이 내게 왔었으나 그들이 어디에서 왔는지 나는 알지 못하였고 그 사람들이 어두워 성문을 닫을 때쯤 되어 나갔으니 어디로 갔는지 내가 알지 못하나 급히 따라가라 그리하면 그들을 따라잡으리라 하였으나 그가 이미 그들을 이끌고 지붕에 올라가서 그 지붕에 벌여 놓은 삼대에 숨겼더라.

여기서 라합은 분명히 거짓말을 했습니다. 그런데 신약성경은 라합의 거짓말을 긍정적으로 평가하고 있습니다. 히브리서 11장 31절에서는 라합이 거짓말한 것이 믿음의 행위로 평가됩니다("믿음으로 기생 라합은 정탐꾼을 평안히 영접하였으므로 순종하지 아니한 자와 함께 멸망하지 아니하였도다"). 야고보서 2장 25절에서도 라합의 거짓말을 믿음의 행위라고 평가합니다("또 이와 같이 기생 라합이 사자들을 접대하여 다른 길로 나가게 할 때에 행함으로 의롭다 하심을 받은 것이 아니냐"). 결국 성경에서는 타인의 생명을 살리기 위한 경우에 하는 거짓말은 부당한 것이 아니라 오히려 정당하고 '하나님을 향한 두려움'(히브리 산파)과 '믿음'(라합)을 드러내는 행위라고 여깁니다.

따라서 종교개혁자 루터는 "불가피한 거짓말을 거짓말로 부르는 것은 적절하지 못하다. 오히려 그것은 사탄의 광분을 잠재우고 타인의 명예와 생명과 유익에 이바지하는 미덕이요 훌륭한 배려이다"라고 말하고 있습니다.

1930년에 미국에서 실제로 있었던 이야기를 영화화한 〈후라이드 그린 토마토〉(Fried Green Tomatoes)에 나오는 한 장면을 소개합니다.

여주인공 잇지는 어느 날 느닷없이 살인범의 누명을 쓰게 됩니다. 잇지는 결코 살인한 적이 없었지만 모든 정황은 잇지를 살인범으로 몰아가고 있었습니다. 잇지는 법정에서 자신의 무죄를 항변해 보았지만 아무 소용이 없었습니다. 그런데 마지막 증언대에 선 목사님이 잇지에게 결정적으로 유리한 증언을 했습니다. 사건 당일 밤 잇지는 교회의 부흥회에 참석하고 있었으므로, 절대로 관련 사건의 살인범일 수 없다고 말입니다. 목사님의 증언을 듣고 누구보다도 놀란 사람은 잇지였습니다. 잇지는 그날 밤 부흥회에 참석한 적이 없었기 때문입니다. 그러나 잇지의 결백을 믿었던 목사님은 잇지를 살리기 위해서 거짓 증언을 한 것입니다. 만일의 경우 처벌을 받을 각오도 되어 있었습니다. 법정에서는 그날 밤 교회에서 정말 부흥회가 열렸는지, 잇지가 실제로 참석했는지 확인하려 하지 않았습니다. 목사님의 증언과 동시에 문제의 사건은 죽은 자의 실수로 인한 단순 사고사로 판정되어, 재판은 중단되고 잇지는 풀려나게 되었습니다. 그 목사님은 모든 사람이 신뢰하고 존경하는 분이었기 때문입니다. 그래서 그 목사님의 증언을 그대로 믿었던 것입니다. 조금 전까지 서슬 퍼렇게 잇지를 살인범으로 몰아 세우던 검사마저도 기소를 철회해 버리고 말았습니다.

이는 불과 80년 전의 실화입니다. 당시 법정의 판사와 검사 그리고 배심원의 무조건적인 신뢰를 받았던 목회자의 삶과 도덕성에 저절로 고개가 숙여집니다. 사실 이 목사님의 증언은 실증법에 위배되는 위증이요, 거짓말입니다. 그러나 이 목사님의 위증은 죄 없는 생명을 살리기 위한 불가피한 거짓말로 간주할 수 있을 것입니다. 루터의 표현에 의하면, "사탄의 광분을 잠재우는 훌륭한 배려"입니다.

우리가 진실을 말해야 하는 이유는 진실 자체에 절대적 가치가 있어서라기보다는 다른 사람을 보호하기 위한 것임을 명심해야 합니다. 따라서 진실을 말할 때마다 진실 그 자체뿐만 아니라 이 말에 영향을 받을 수 있는 이웃을 배려해야 합니다. 아무리 이웃에게 참되고 진실한 것일지라도 그 말을 하기에 부적절한 때나 상황이라면 이웃과의 관계가 훼손될 수도 있습니다. 진실을 말해서 그것 때문에 다른 사람이 고통을 받거나 죽게 되면 이때는 진실을 말하면 안 됩니다. 진실보다 생명이 우선이기 때문입니다.

진실보다 위로와 격려가

말에는 거짓, 사실, 진실, 위로나 격려가 담겨 있습니다. 불가피하게 거짓말을 해야 하는 경우를 제외하고는 어떠한 경우에도 거짓을 말해서는 안 됩니다.

하나님의 사람들은 일생을 사는 동안 거짓말만큼은 피해야 합니다. 그리스도인들만이라도 거짓말을 하지 않는다면, 우리나라는 놀라울 정도로 변할 것입니다. 그리스도인들 때문에 우리 민족의 도덕성이 되살아날 것입니다. 비록 보잘것없어 보이는 삶을 산다 할지라도 진실하게 살아 낼 수만 있다면 거짓을 일삼는 이 세상을 뒤흔들기에 충분할 것입니다. 거짓말을 버리고 진실한 삶을 사는 것, 이것이야말로 21세기의 그리스도인들이 감당해야 할 최대의 과제요, 사명입니다.

이제부터는 사실만을 말합시다. 그러나 사실도 그것이 진실

인지를 살펴야 합니다. 성경에는 아브라함이 자신의 부인 사라를 누이라고 속인 사건이 두 번이나 반복되어 나타납니다(창 12장과 20장). 그런데 창세기 20장 12절에 보면, 사실 사라는 아브라함의 이복누이였습니다. 사라가 아브라함의 누이라는 것은 사실입니다. 그러나 그것이 사실은 될 수 있지만 진실은 아닙니다. 진실은 사라가 한때 누이였지만 지금은 아내라는 것입니다. 사실보다 앞서는 것이 진실입니다. 그런데 우리는 진실만이 가장 중요하다는 진실 지상주의도 피해야 합니다. 진실이 중요한 것은 옳지만, 진실보다 더 바람직한 것은 사람을 살리는 위로와 격려의 말입니다.

> 죽고 사는 것이 혀의 힘에 달렸나니(잠 18:21).

지금 막 숨이 넘어가는 사람에게도 삶에 대한 긍정적인 말이 필요합니다. 혀를 다스리는 것이야말로 인생 최고의 과제요, 미덕입니다.

> 우리가 다 실수가 많으니 만일 말에 실수가 없는 자라면 곧 온전한 사람이라 능히 온 몸도 굴레 씌우리라(약 3:2).

우리의 혀에도 하나님의 은혜가 필요합니다. 말실수를 하는 이유는 인간이 연약하기 때문이지만, 사실 근본적인 이유는 인간의 존재론적 죄성 때문입니다. 그래서 인간의 노력만으로는 부족합니다. 하나님의 은혜가 있어야 말실수를 줄일 수 있습니다. 따라서 우리는 우리의 혀가 많은 생명을 살리는 일에 지혜롭게 사용되기를 기도해야 합니다.

한 실화를 소개하며 제 9계명 설명을 마무리하겠습니다.

캐나다의 총리였던 장 크레티앙에 관한 일화입니다. 장 크레티앙은 가난한 집안의 19형제 가운데 18번째로 태어났습니다. 그는 선천적으로 한쪽 귀가 들리지 않고, 안면 근육 마비로 입이 비뚤어져 발음이 어눌했습니다. 그런 그는 신체장애를 딛고 1993년 총리가 되었고 이후 다시 세 번이나 총리에 임명되었습니다. 하지만 총리의 신체장애는 때때로 정치 만화가들의 풍자거리가 되었고, 작은 사건도 크게 부풀려져 늘 호기심의 대상이 되곤 하였습니다.

그가 선거 유세를 다닐 때 일어난 일입니다.

"여러분, 저는 언어장애를 가지고 있습니다. 그 때문에 오랜 시간 고통스러웠습니다. 하지만 지금은 제 언어장애 때문에 제 생각과 의지를 전부 전하지 못할까 봐 고통스럽습니다. 인내심을 가지고 저의 말에 귀 기울여 주십시오. 제 어눌한 발음이 아니라 그 속에 담긴 제 생각과 의지를 들어 주셨으면 합니다."

그때 반대파에서 누군가가 소리쳤습니다.

"이보시오, 한 나라를 대표하는 총리에게 언어장애가 있다는 것은 치명적인 결점입니다. 사퇴하시오."

그러자 장 크레티앙은 어눌하지만 단호한 목소리로 말했습니다.

"저는 말은 잘 못하지만 거짓말은 하지 않습니다."

이 한마디가 캐나다 국민의 마음을 세 차례나 움직였습니다.

"저는 거짓말은 하지 않습니다."

제 10계명

스스로 욕심을 거두는 태도

● 출 20:17

● 출 20:17

네 이웃의 집을 탐내지 말라 네 이웃의 아내나 그의 남종이나 그의 여종이나 그의 소나 그의 나귀나 무릇 네 이웃의 소유를 탐내지 말라

마음속으로 욕심을 내는 상태

제 10계명은 "네 이웃의 집을 탐내지 말라"로 시작합니다. '탐내다'라는 뜻의 히브리어 '하마드'는 특별히 자기의 유익을 위하여 어떤 사람이나 어떤 물건을 '원하다', '열망하다', '탐내다'라는 의미를 가지고 있습니다. 그런데 '하마드'라는 단어가 '탐욕에 사로잡힌 내적인 상태'만을 가리키는지, 아니면 '탐욕의 대상을 취하는 외적 행위'까지 포함하는지는 분명하지 않습니다. 구약성경에서는 이 두 가지 경우가 모두 나타나고 있습니다.

예를 들어 첫 번째 경우(내적인 상태)는 잠언 6장 25절에서 찾아볼 수 있습니다.

네 마음에 그의 아름다움을 탐하지[하마드] 말며
그 눈꺼풀에 홀리지 말라.

여기서 '하마드' 동사는 한 여인의 아름다움에 마음이 사로잡히는 내적 상태를 가리키고 있습니다. 이에 반해서 출애굽기

34장 24절은 두 번째 경우(외적인 행위)를 보여 줍니다.

> 내가 이방 나라들을 네 앞에서 쫓아내고 네 지경을 넓히리니 네가 매년 세 번씩 여호와 네 하나님을 뵈려고 올 때에 아무도 네 땅을 탐내지[하마드] 못하리라.

여기에서 사용된 '하마드'는 땅을 차지하는 외적인 행위를 포함하고 있습니다.

만약에 '하마드' 동사가 두 번째의 의미로 사용되는 경우, 즉 '탐욕의 대상을 취하는 외적 행위'로 이해한다면, 제 10계명은 다음과 같이 의역될 수 있습니다.

> 네 이웃의 집이나 네 이웃의 아내나 그의 남종이나 그의 여종, 그의 소나 그의 나귀 할 것 없이 네 이웃의 소유는 무엇이든 탐내어 네 소유로 만들어서는 안 된다.

그러나 이러한 해석은 문제가 있습니다. 즉 '하마드' 동사가 행위로 이어지는 탐욕을 의미한다면, 제 10계명은 "네 이웃의 소유물을 탐내어 훔치지 말라"는 금지 명령이 되어, "도둑질하지 말라"는 제 8계명과 중복됩니다. 또한 아내를 언급한 경우는 "이웃의 아내를 탐내어 소유하지 말라"는 뜻으로 풀이가 되어

"간음하지 말라"는 제 7계명과 중복됩니다. 따라서 제 10계명에서 '하마드'는 구체적인 행위가 일어나기 이전의 '내적인 탐욕'을 가리키는 것으로 보는 것이 자연스럽습니다. 즉, 제 7계명과 제 8계명은 '행동'에 관한 것이고, 제 10계명은 행동의 바탕이 되는 '마음'에 관한 것입니다. 그러므로 제 10계명은 밖으로 드러나지 않는 '내면적인 죄'를 다룬 것입니다.

이러한 이해는 십계명을 설명하는 신명기 본문을 통해서도 입증됩니다. 제 10계명에 대한 신명기의 기록은 다음과 같습니다.

> 네 이웃의 아내를 탐내지[하마드] 말지니라 네 이웃의 집이나 그의 밭이나 그의 남종이나 그의 여종이나 그의 소나 그의 나귀나 네 이웃의 모든 소유를 탐내지[아봐] 말지니라(신 5:21).

여기서 쓰인 '아봐' 동사는 보통 외적 행위가 아닌 내적 상태, 곧 '욕심'을 가리킵니다. 신명기 저자는 출애굽기 20장 17절에 사용된 '하마드' 대신 '아봐'를 사용함으로써 행위로 표출되기 이전의 생각에 초점을 맞추어, 마지막 계명의 의미를 마음속으로 욕심을 내는 상태로 규정했습니다. 제 10계명은 남의 것을 향한 내적 탐욕을 뜻합니다. 보다 정확하게 표현하면 '탐하다'라는 단어는 의도와 행위 사이에 위치해 있는 태도를 가리킵니다. 즉, 언제든지 행동으로 나타날 수 있는 마음속의 욕망을 뜻합니다.

인간의 마음속을 꿰뚫어 보시는 하나님

마지막 계명인 제 10계명은 인간의 외적인 행동을 규제하는 여타 계명과는 달리, 인간의 내면에 있는 탐욕과 탐심 자체를 금지하고 있습니다. 이처럼 하나님은 인간의 마음에 주목하시고, 인간의 죄악의 원천인 마음속에 자리 잡고 있는 탐심까지 파고드십니다.

> 만물보다 거짓되고 심히 부패한 것은 마음이라
> 누가 능히 이를 알리요마는
> 나 여호와는 심장을 살피며 폐부를 시험하고
> 각각 그의 행위와 그의 행실대로 보응하나니(렘 17:9-10).

> 여호와께서 사무엘에게 이르시되 그의 용모와 키를 보지 말라 내가 이미 그를 버렸노라 내가 보는 것은 사람과 같지 아니하니 사람은 외모를 보거니와 나 여호와는 중심을 보느니라 하시더라(삼상 16:7).

이웃의 소유물

제 10계명은 먼저 이웃의 집을 탐내지 못하도록

금지하고 있습니다. 여기서 '집'이란 단순히 건물을 뜻하는 것이 아니라 어떤 사람이 소유한 모든 것을 나타내는 포괄적인 단어입니다. 이어서 이웃이 소유하고 있는 가장 소중한 재산이 다섯 가지로 나열됩니다. 즉 아내, 남종, 여종, 소 그리고 나귀입니다. 이것들은 생명이 있는 것들입니다. 마지막에 표현된 '네 이웃의 소유'는 그 밖의 다른 소유물, 즉 물건을 가리킵니다. 따라서 제 10계명은 '이웃에 속한 일체의 소유물을 탐내어서는 안 된다'는 것을 말합니다.

여기서는 이웃의 모든 소유 중 생명이 있는 것 가운데 가장 처음에 언급하고 있는 아내와 그 밖의 다른 소유, 즉 물질에 국한하여 살펴보겠습니다. 먼저 아내에 관한 부분에서, 예민한 여성들은 아내를 남편의 소유로 간주하고 있는 현재의 성경 본문을 불쾌하게 생각할 수도 있습니다. 구약성경이 기록되었던 시대가 가부장적 사회였기 때문에 본문에는 이러한 전근대적인 사고가 드러나 있습니다. 그러나 이러한 사고 자체는 중심 메시지를 담고 있는 그릇이나 지푸라기에 불과합니다. 따라서 신명기에서는 소유물의 목록이 달라집니다.

> 네 이웃의 아내를 탐내지 말지니라 네 이웃의 집이나 그의 밭이나 그의 남종이나 그의 여종이나 그의 소나 그의 나귀나 네 이웃의 모든 소유를 탐내지 말지니라 (신 5:21).

신명기의 십계명에서는 아내를 남자의 모든 소유물의 목록에서 제외시킵니다. 대신 아내를 맨 앞에 위치시킴으로 여성의 위치를 격상시켰습니다. 다른 구약성경에서도 아내와 관련하여 굉장히 중요한 내용을 지적합니다. 아내에 대한 이 세상의 그 어떤 정의(定議)도 성경의 정의보다 더 뛰어난 것은 아직 없는 것 같습니다. 한 주간 일하고 받는 급여를 '주급'이라고 합니다. 한 달에 해당되는 노임을 '월급'이라 합니다. 일 년치는 '연봉'이라고 합니다. 그리고 평생 일해서 버는 돈 전체를 편의상 '평(생)봉'이라 한다면, 아내는 '평(생)봉'에 해당된다는 말씀이 있습니다. 그 성경 말씀을 소개합니다.

> 네 헛된 평생의 모든 날
> 곧 하나님이 해 아래에서 네게 주신 모든 헛된 날에
> 네가 사랑하는 아내와 함께 즐겁게 살지어다
> 그것이 네가 평생에 해 아래에서 수고하고 얻은 네 몫이니라(전 9:9).

이 말씀에 따르면, 아내는 자신이 평생 수고한 대가로 얻은 몫입니다. 평생 수고할 것을 하나님이 미리 계산해서 가불하여 주신 대가가 '아내님'이라는 것입니다. 따라서 한 남자가 한 평생을 피땀을 흘려야 얻을 수 있는 분이 '아내님'입니다.

이어서 잠언에서는 또 한 가지 중요한 메시지를 던져 주고

있습니다. 하나님이 짝지어 주신 아내 이외의 모든 여인은 자신에게 음녀라는 것입니다. 음녀는 곧바로 지옥과 연결되어 있습니다.

> 지혜가 또 너를 음녀에게서,
> 말로 호리는 이방 계집에게서 구원하리니
> 그는 젊은 시절의 짝을 버리며
> 그의 하나님의 언약을 잊어버린 자라
> 그의 집은 사망으로, 그의 길은 스올로 기울어졌나니
> 누구든지 그에게로 가는 자는 돌아오지 못하며
> 또 생명 길을 얻지 못하느니라(잠 2:16-19).

요즘은 불륜을 큰 죄로 인식하지 않는 것 같습니다. 배우자 이외에 애인 한둘 정도 없는 사람은 모자란 사람 취급을 받기도 합니다. 그러나 성경은 아내 이외의 여자에게 빠지면 곧 지옥에 빠지는 것이라고 규정하고 있습니다. 물론, 남편 이외의 남자에게 빠지는 것도 곧 지옥에 빠지는 것입니다. 요즘 말로 바꾸면 곧 죽음입니다. 따라서 이웃의 아내나 이웃의 남편을 탐내지 말고, 자신의 아내와 자신의 남편을 소중하게 여기고 감사해야 합니다.

더 많이 갖는 것

히브리어 '하마드'는 그리스어 '플레오넥시아'로 번역되었습니다. '플레오넥시아'의 본래 뜻은 '더 많이 갖는 것'입니다. 그리스 로마 사람들은 '플레오넥시아'라는 단어를 혐오스러운 성질을 나타내는 말로 사용하였습니다. 예를 들어 로마 사람들은 탐욕이라는 단어를 '소유에 대한 저주스러운 사랑'이라고 표현했고, '남의 것을 갖고 싶어하는 유독한 욕망'이라는 뜻으로도 사용하였습니다.[8] 이 단어는 신약성경에서도 많이 쓰이고 있습니다.

> 또 이르시되 사람에게서 나오는 그것이 사람을 더럽게 하느니라 속에서 곧 사람의 마음에서 나오는 것은 악한 생각 곧 음란과 도둑질과 살인과 간음과 탐욕과 악독과 속임과 음탕과 질투와 비방과 교만과 우매함이니 이 모든 악한 것이 다 속에서 나와서 사람을 더럽게 하느니라(막 7:20-23).

> 음행과 온갖 더러운 것과 탐욕은 너희 중에서 그 이름조차도 부르지 말라 이는 성도에게 마땅한 바니라(엡 5:3).

탐욕이란 선한 욕망과 구별되는 타락한 욕망입니다. 탐욕은 나에게 있는 것을 누리고 즐거워하기보다는 내가 가지지 못한 금지된 것을 원하는 욕망입니다. 따라서 탐욕은 채워지지 않는 욕망이며, 만족을 모르고 원망하는 마음입니다.

예수님이 인격이 없는 사물을 일컬어 마치 인격을 가진 것처럼 표현하신 경우는 별로 없습니다. 그런데 유독 재물에 관해서는 인격화해서 말씀하셨습니다.

> 한 사람이 두 주인을 섬기지 못할 것이니 혹 이를 미워하고 저를 사랑하거나 혹 이를 중히 여기고 저를 경히 여김이라 너희가 하나님과 재물[맘몬]을 겸하여 섬기지 못하느니라(마 6:24).

재물[맘몬]은 여기서 '하나님과 경쟁하는 신'(a rival god)으로 인격화되어 있습니다. 재물은 우리를 지배하려고 하는 하나의 힘입니다. 재물은 인간이 만들어 낸 신입니다. 재물은 인간에게 숭배를 요구하는 우상입니다. 사회주의 이론을 정립한 카를 마르크스는 재물의 신적 파워를 다음과 같이 흥미로운 말로 표현했습니다.

> 나의 힘은 내가 가진 돈의 힘만큼 크다.
> 돈의 속성은 내 자신의 속성이자 능력이다….
> 나는 못생겼지만, 나는 가장 아름다운 여자를 살 수 있다….

혐오스럽고 치욕스럽고 파렴치하고 어리석은 사람이라 할지라도
돈은 존경을 받으며 돈의 소유자도 존경을 받는다.
돈은 최고로 좋은 것이며, 돈을 가진 사람도 그렇다.
게다가 돈은 내가 부정직한 사람이 되는 상황을 면하게 해 준다.
그러므로 나는 정직하다고 인정받는다.
내가 어리석어도 돈이 만물을 움직이는 진짜 머리이니 돈을 가진 사람이 어찌 어리석을 수 있겠는가?
인간이 열망하는 모든 것을 돈으로 살 수 있으니
나는 인간의 모든 능력을 소유한 것이 아닌가?
그러므로 내 돈은 무능력한 나를 능력자로 바꾸어주지 않는가?[9]

이것이 바로 마르크스가 고발하고 있는 재물의 힘입니다. 특히 오늘날 자본주의 사회는 이 힘으로 움직이고 있습니다. 오늘날은 소유물이 그것을 소유한 사람에게 사회적·경제적·정치적 힘을 부여해 줍니다. 따라서 자본주의는 인간 사회에 존재하는 다양하고 숭고한 가치들을 단 하나의 가치, 곧 화폐 가치로 환원시키고 있습니다. 자본주의 사회에서는 의사도, 법률가도, 성직자도, 학자도, 문인들도 모두 임금 노동자일 뿐입니다. 그 사회에서 인간의 가치는 연봉으로 계산됩니다. 모든 인간관계 심지어 가족 관계 속에서도 경제력이 영향력을 미칩니다. 자녀들도 누가 경제력이 있는지 살피고 그쪽에 줄을 섭니다.

그러나 예수님은 "그들에게 이르시되 삼가 모든 탐심[플레오넥시아]을 물리치라 사람의 생명이 그 소유의 넉넉한 데 있지 아니하니라"(눅 12:15)고 말씀합니다. 예수님은 물질로 삶의 가치를 매기는 태도를 엄중히 경고하고 계신 것입니다.

자족(自足)

제 10계명은 모든 것을 지배하려는 욕망을 금하는 계명입니다. 이 계명이 탐욕적인 동기 자체를 금하는 이유는, 탐욕이야말로 모든 불의한 행동의 뿌리가 되기 때문입니다. 즉 탐욕과 탐심은 인간이 범하는 모든 죄악의 시발점이 됩니다. 인간의 탐욕이란 본인의 의지와 무관하게 인간의 마음속에 자리 잡은 죄성에서 나오는 것입니다. 그러기에 예수님께서도 이것을 물리치라고 강하게 경고하십니다.

> 삼가 모든 탐심을 물리치라 사람의 생명이 그 소유의 넉넉한 데 있지 아니하니라(눅 12:15).

제 10계명은 다른 계명들을 범하게 만드는 생각이나 감정을 금지하는 포괄적이고 종합적인 계명입니다. 제 10계명은 지금까지 다룬 다른 계명들을 완결하면서, 이 모든 계명들을 바르게 수행하기 위해서는 외적인 행동만이 아니라 자신의 마음을 살펴야 한다는 중요한 진리를 명시합니다. 즉 자신의 마음속에 자리한 탐욕과 탐심을 다스릴 수 있게 된다면, 나머지 아홉 가지 계명을 모두 지키는 것과 같습니다. 신앙의 마지막 단계는 모든 탐욕과 탐심에서 해방되는 것입니다. 하나님의 백성은 모든 탐욕과 탐심의 유혹에서 벗어나 하나님께 받은 것으로 자족하며 감사하는 삶을 살아야 합니다.

만족과 자족은 다릅니다. 만족(滿足)은 채워져야 족함을 아는 것입니다. 늘 자신의 것과 남의 것을 비교하다 보면 자신이 가진 것에 만족하지 못합니다. 늘 부족하다는 생각이 듭니다. 그래서 더 갖고 싶어합니다. 따라서 어떤 인간도 만족할 만큼 물질을 가질 수는 없습니다. 전도서의 저자는 이러한 진리를 이미 수천 년 전에 통찰하고 이렇게 가르치고 있습니다.

> 은을 사랑하는 자는 은으로 만족하지 못하고
> 풍요를 사랑하는 자는 소득으로 만족하지 아니하나니
> 이것도 헛되도다(전 5:10).

이에 반하여 자족(自足)은 스스로 족함을 아는 것입니다. 자신에게 만족한다기보다는 하나님께서 자신에게 주신 것에 만족한다는 뜻입니다. 하나님께서 주신 삶에 만족하며 더 많은 것을 탐내거나 그것을 기웃거리지 않을 뿐 아니라, 그로 인해 즐거워하고 기뻐하는 것입니다. 노자(老子)의 가르침 중에 "지족지족상족"(知足之足常足)이라는 말이 있습니다. "만족함을 알고, 그것에 만족하면 항상 만족할 것이다"는 의미입니다.

성악을 공부하던 여학생이 수술을 받아 다시는 노래를 부르지 못할 수도 있는 상황에 놓이게 되었습니다. 어머니는 딸이 성악가로 출세하기를 원했기 때문에 수술을 반대했습니다. 하지만 여학생의 생각은 달랐습니다. 그 학생은 자신이 살아 있다는 것만으로도 만족한다고 말합니다. 해맑게 웃는 얼굴로 엄지와 검지 손가락을 조금 벌려 보이며, "내가 삶에서 바라는 것은 요만큼이에요"라고 말하며 돌아서 걸어갑니다. 우리는 이 여학생의 말을 통해서 모든 고난으로부터 벗어나는 길, 안식을 얻는 길을 배우게 됩니다. 그것은 다름 아니라 자족입니다. 자족이란, 없는 것을 바라는 것이 아니라 있는 것을 소중하게 여기고 만족하는 마음입니다. 따라서 탐욕은 자족하면 사라집니다.

체념, 달관한 자의 미덕

어떤 의미에서 자족이란 체념을 요구합니다. 그러

나 흔히 체념이라는 말은 좋지 못한 의미로 쓰이는 경우가 많은 것 같습니다. 체념을, 게을러서 혹은 능력이 부족해서 중도에 포기하는 것 또는 도중하차하는 것쯤으로 이해하기 때문입니다. 그러나 체념과 단념은 다릅니다. 간절히 원했지만 여건이 되지 못해 일찌감치 중단하는 것, 할 수 없이 포기하는 것, 그리고 그것을 적당히 정당화시키는 것, 이것은 엄밀한 의미에서 '체념'이 아닙니다. 이것은 무능력하고 비겁하고 두려워한 나머지 움츠리는 것에 불과합니다. 이러한 것은 체념이 아니라 단념(斷念)입니다.

체념(諦念)의 '체'는 '살필 체' 또는 '밝힐 체'입니다. '진리 체' 또는 '뜻 체'라는 의미도 있습니다. 따라서 체념의 '체'는 '진리'나 '실재'를 가리킵니다. 마음(念)을 뜻하는 '념'은 '진리나 실재를 통찰하는 마음'을 가리킵니다. 따라서 단념이란 하던 일을 중도에 그만두는 '항복'과 유사한 의미라면, 체념은 달관한 자의 미덕입니다.

> 포기는 '상대의 힘을 아는 것'인 반면,
> 체념은 무엇보다도 '나 자신을 아는 것'입니다.

> 그러므로 어쩔 수 없이 포기하지만,
> 체념은 알아서 합니다.

포기는 '힘에 꺾이는 것'이지만,

체념은 '힘을 거두는 일'입니다.

그러므로 '쉽게 포기한다'는 말은 맞아도

'쉽게 체념한다'는 말은 맞지 않습니다.[10]

따라서 체념이란 시시하고 허망한 것에 집착하거나 매달리지 않는 의연한 자세를 말합니다. 이것이 체념의 본래적인 의미입니다. 체념한 자는 본질적인 것이 아닌 비본질적인 것에 마음을 빼앗기지 않습니다. 그리고 그것을 손안에 넣지 못했다고 실패한 인생을 사는 것처럼 행동하지 않습니다.

하나님은 우리의 욕망(desire)을 충족시켜 주시는 분이 아닙니다.

하나님은 우리의 욕심(wants)를 채워 주시는 분이 아닙니다.

하나님은 우리의 필요(needs)를 채워 주시는 분이십니다.

자신이 그토록 원했던 것이 잘못된 욕망이나 욕심이었음을 깨닫고 이를 훌훌 털고 미련 없이 일어나는 모습이 체념입니다. 체념은 상황과 사물을 깊이 깨달은 끝에 스스로 욕심을 거두는 매우 성숙한 태도입니다. 우리가 참된 의미에서 체념한다면, 우리는 매사에 자유로울 수 있습니다. 그리고 하나님과 사람 앞에서 당당하게 살아갈 수 있습니다.

자족하는 마음이 있으면 경건은 큰 이익이 되느니라 우리가 세상에 아무 것도 가지고 온 것이 없으매 또한 아무 것도 가지고 가지 못하리니 우리가 먹을 것과 입을 것이 있은즉 족한 줄로 알 것이니라(딤전 6:6-8).

탐욕과 탐심을 다스리는 자는 십계명을 온전히 지킬 수 있습니다. 탐욕과 탐심은 자족하면 사라집니다. 그리고 자족은 체념에서 나옵니다. 죄성에서 싹트는 탐욕을 체념의 영성으로 이기는 은혜가 한평생 우리에게 있기를 바랍니다.

에필로그

십계명, 하나님 사랑과 이웃 사랑의 내비게이션

　　　　　　이제 십계명의 열 가지 계명을 모두 살펴보았습니다. 그런데 우리에게는 또 한 가지 계명이 필요합니다. 혹시 제 11계명을 아십니까? 많은 분들이 이 11계명을 지키지 못하여 언론에 오르내리고 결국 법적 처벌을 받기도 합니다. 제 11계명은 "들키지 말라"입니다. 이 계명은 은혜의 계명입니다. 하나님은 우리의 마음속까지 꿰뚫어 보고 계시기 때문에 우리는 우리 죄를 하나님께 들키지 않을 수 없습니다. 그러기에 하나님 앞에서 모든 인간은 고개를 숙이고 겸손할 수밖에 없습니다. 그런데 하나님께서 특별히 사랑하는 사람에게 주신 은혜가 있습니다. '들키지 않는 은혜'입니다. 적어도 사람들 앞에서 자신의 허물과 치부가 드러나지 않는 것도 엄청난 은혜입니다.

최근 스콧 맥나이트(Scot McKnight)라는 신약학자는 『예수와 제자들이 매일 암송한 것은 무엇이었을까?』라는 책에서 '사랑의 이중 계명'을 '예수 신경'(Jesus Creed)이라고 불렀습니다. 당시 유대교는 하나님을 사랑하라고 명령하는 '쉐마'(신 6:4-9)만을 강령으로 삼은 반면에, 예수님은 성결법전의 핵심 구절인 레위기 19장 18절("네 이웃 사랑하기를 네 자신과 같이 사랑하라")을 추가하심으로 참된 영성은 하나님과 이웃을 사랑하는 것임을 강조하셨습니다. 오늘날 그리스도인들은 사도들이 만든 '사도신경' 못지않게, 예수님께서 만드신 '예수 신경'에 더 귀를 기울여야 합니다. 이 예수 신경은 십계명에 등장하는 하나님에 관한 계명(1-4계명)과 이웃에 관한 계명(5-10계명)의 내용과 정확하게 일치합니다. 따라서 예수 신경의 뿌리는 바로 십계명입니다.

십계명은 예수님의 가르침인 예수 신경을 보다 자세하게 설명하고 있는 셈입니다. 하나님을 사랑하는 길은 1-4계명이 상세하게 안내하고 있습니다. 그리고 이웃을 사랑하는 길은 5-10계명이 세심하게 이끌어 주고 있습니다.

예수님을 따르는 우리는 이 지침을 따라 살아가야 합니다. 십계명은 그리스도인들이 올바른 삶을 살아갈 수 있도록 방향을 제시해 주는 내비게이션입니다. 아직도 내비게이션 없이 운전대를 잡고 있는 그리스도인이 있습니까?

주

1 김세윤, 『신약을 어떻게 읽을 것인가』, 성서유니온, 2008, 65-66
2 강영안, 『강영안교수의 십계명 강의: 십계명이 열어 보인 삶의 길, 자유의 길』, IVP, 2009, 39.
3 위의 책, 103.
4 위의 책, 130-131.
5 위의 책, 169-170.
6 위의 책, 218-219
7 마르틴 루터, 「대교리 문답」, 마이클 호튼, 『십계명의 렌즈를 통해서 보는 삶의 목적과 의미』, 윤석인 역, 부흥과개혁사, 2005, 181-182에서 인용.
8 김용규, 『데칼로그』, 바다출판사, 346.
9 위의 책, 349에서 재인용
10 김용석, 『두 글자의 철학』, 푸른숲, 273-275 참조

- 강영안,『강영안 교수의 십계명 강의』, 서울: IVP, 2009.
- 김고광,『사랑으로 보는 십계명』, 서울: 한들출판사, 2007.
- 김용규,『데칼로그: 십계, 키에슬로프스키 그리고 자유에 관한 성찰』, 서울: 바다출판사, 2002.
- 김용석,『두 글자의 철학』, 서울: 푸른숲, 2005.
- 김지철,『다시 보는 십계명: 하나님의 계명』, 서울: 두란노서원, 2009.
- 노희원,『최근의 십계명 연구』, 서울: 은성출판사, 1995.
- 박요한 영식,『십계명: 출애 20,1-17; 신명 5,6-21의 삶의 자리와 적용 범위』, 서울: 가톨릭대학교출판부, 2002.
- 박준서,『십계명 새로 보기』, 서울: 한들출판사, 2001.
- 심규섭,『구약의 십계명 연구』, 서울: 기독교 문서선교회, 1999.
- 이상원,『21세기 십계명 여행』, 서울: 토기장이, 2000.
- 유승원 외, "주제별 설교시리즈 십계명",『그말씀』제 252집, (2010. 6.).

- 위리암 바클레이, 『오늘을 위한 십계명』, 이희숙 역, 서울: 컨콜디아사, 1983.
- 프랑크 크뤼제만, 『자유의 보존: 사회학적 관점에서 본 십계명 이해』, 이지영 역, 양평: 크리스천 헤럴드, 1999.
- 로버트 뉴즈, 『너희는 도둑질하지 못한다: 성서 전승에 나타난 공동체와 재산』, 성찬성 역, 서울: 가톨릭출판사, 1995.
- 헤르베르트 고르닉, 『나는 주 너희의 하나님이다: 십계명의 현대적 이해』, 이정배 역, 서울: 다산글방, 2000.
- 요하네스 그륀델, 『십계명: 어제와 오늘』, 김윤주 편역, 왜관: 분도출판사, 1981.
- 스탠리 하우어워스, 윌리엄 윌리몬, 『십계명』 강봉재 역, 서울: 복있는 사람, 2007.
- 마이클 호튼, 『십계명의 렌즈를 통해서 보는 삶의 목적과 의미』 윤석인 역, 서울: 부흥과개혁사, 2005.

- Boecker, H. J. *Wegweisung zum Leben: Recht und Gesetz im Alten Testament*, Stuttgart: Deutsche Bibelgesellschaft, 2000.
- Harrelson, W. J. *The Ten Commandments and Human Rights*, Philadelphia: Fortress, 1980.
- Köckert, M. *Die Zehn Gebote,* München: Verlag C. H. Beck, 2007.
- Miller, P. D. *The Ten Commandments.* Louisville, Kentucky: Westminster John Knox Press, 2009.
- Nielsen, E. *The Ten Commandments in the New Perspective*, SBT 7, London: SCM Press, 1968.

- Phillips, A. *Ancient Israel's Criminal Law: A New Approach to The Decalogue,* Oxford: Basil Blackwell, 1970.
- Phillips, A. "The Decalogue: Ancient Israel's Criminal Law," D. L. Christensen(ed.), *A Song of Power and the Power of Song: Essays on the Book of Deuteronomy,* Winona Lake, Indiana: Eisenbrauns, 1993, 225-246.
- Schmidt, W. H. *Die Zehn Gebote im Rahmen alttestamentlicher Ethik,* EdF 281, Darmstadt: Wissenschaftliche Buchgesellschaft, 1993.
- Schreiner, J. *Die Zehn Gebote im Leben des Gottesvolkes,* München: Kösel-Verlag, 1988
- Schüngel-Straumann, H. *Der Dekalog-Gottes Gebote?,* Stuttgarter Bibelstudien 67, Stuttgart: Verlag Katholisches Bibelwerk GmbH, 1973.
- Segal, Ben-Zion(ed.), *The Ten Commandments in History and Tradition,* Jerusalem: The Magnes Press, 1990.

| 국제제자훈련원은 건강한 교회를 꿈꾸며 목회의 동반자로서 제자 삼는 사역을 중심으로
성경적 목회 모델을 제시함으로 세계 교회를 섬기는 전문 사역 기관입니다.

교회 다니면서 십계명도 몰라?

초판 1쇄 발행 2012년 2월 20일
초판 16쇄 발행 2018년 8월 10일

지은이 차준희
펴낸이 오정현
펴낸곳 국제제자훈련원
등록번호 제2013-000170호(2013년 9월 25일)
주소 서울시 서초구 효령로 68길 98(서초동)
전화 02)3489-4300 **팩스** 02)3489-4329
이메일 dmipress@sarang.org

저작권자 (C) 차준희, 2012, Printed in Korea.
이 책은 저작권법에 의해 보호를 받는 저작물이므로 저자와 출판사의 허락 없이
내용의 일부를 인용하거나 발췌하는 것을 금합니다.

ISBN 978-89-5731-562-0 03230

※ 책값은 뒤표지에 있습니다. 잘못된 책은 구입하신 곳에서 교환해드립니다.